LE PARNASSE ASSIEGÉ

OU

LA GUERRE DECLARÉE

Entre les Philosophes Anciens & Modernes.

A LYON,

Chez ANTOINE BOUDET, ruë Merciere.

M. DC. XCVII.

AVEC PERMISSION.

SUB

AUSPICIIS

Amici fidelis & patroni fui
Cui nomen
ex anagrammate

PERITUS MAGUS.

Per ignem & aquam
In macrocofmo pro microcofmo
Veræ ac fecretioris philofophiæ
Kabaliftico-medico-chymicæ
Indefeffis amatoribus,
Divinæ fapientiæ cultoribus
Hoc æternum animi benevoli
argumentum
amore,
ore,
re
Dat dicat dedicat
F. A. M. D.

Lugduni in mufæolo
pridie Kalend. Decembres
Anni à generis humani redemptione
1696.

PREFACE

DANS l'idée que l'on s'est proposé de faire assieger le Parnasse par les Philosophes, on prétend demontrer la realité de la Science d'Hermes, & la verité de la Médecine de Paracelce. On a taché de traiter le sujet d'une maniere divertissante , parce que les matieres de Philosophie sont trop ennuieuses d'elles mêmes , si d'ailleurs on ne leur donne quelque tour agréable.

PREFACE

L'Ouvrage pourra peut-être plaire au Public, qui faisant passer les Philosophes pour des Romanesques, & ne croiant absolument point les vertus surprenantes de la Pierre Philosophale sur les animaux, les Plantes, les Mineraux & les choses surnaturelles, se persuadera facilement selon le Proverbe Italien, que si elles n'ont pas l'apparence d'être veritables, elles sont du moins bien inventées. Mais il n'en sera pas de même des curieux; ils pénétreront dans la possibilité des secrets de la nature.

Ils connoîtront que si l'on sait plaisanter, l'on se mêle aussi quelquefois de Philoso-

Avicenne
Armadel

B.

Basile Valen-
tin
Bernardin Crif-
pa
Boyle
Bonel
Behourth
Bauhin
Bartholin
Beguin
Benjochai
Bauderon
Borel
Boëce
Bon de Ferrare
Brachefco
Borelli
Boccone.

C.

Confutius
Carneade
Ciceron
Cotta
Cornelius Cel-
fus
Cardan
Cornario
Cabrée
Caneparius
Copernic
Campovaccio
Calid
Cofmopolite
Cotahiva
Crollius
Celfus
Crifippe
Campanella.

CATALOGUE
des Autheurs cités dans ce traité.

A

Aristote	Albumazar
Athenée	Apulée
Aristippe	S. Augustin
Antistene	Arthephius
Appollone	Albert le Grand
Aquapendente	Alphidius
André Cisalpin	Albugazal
Anaximene	Arthemidore
Aros	Alexand. Aphro-
Alcandi	disée
Ammone	Azinabam
Algazel	Adarmath
Averroës	Alfarabi
Appollodore	Abul
Arnaud de Vil-	Augurel
len.	Adfar
Abenvacria	Agrippa

Avicenne
Armadel

B.

Basile Valen-
   tin
Bernardin Cris-
   pa
Boyle
Bonel
Behourth
Bauhin
Bartholin
Beguin
Benjochai
Bauderon
Borel
Boëce
Bon de Ferrare
Brachesco
Borelli
Boccone.

C.

Confutius
  Carneade
Ciceron
Cotta
Cornelius Cel-
  sus
Cardan
Cornario
Cabrée
Caneparius
Copernic
Campovaccio
Calid
Cosmopolite
Cotahiva
Crollius
Celsus
Crisippe
Campanella.

D.

DEscartes
Denis le Babylon.
Devigo
Demostene
Diogene
Diodore
Democrite
Dolée
Dygbi
Declaves
Dobrzenski
Davisson
Despautere
Dalechamp
Dioscoride
Desloques
Deschales
Diamerbroëk
Dulaurans
Dornée
Donzelli.

E.

ESchine
Erasistrate
Esope
Empedocle
Epicure
Esdras
Ethmuller
Evonime
Eraste
Euclide
Elbo
Euripide
Epictere.

F.

FIoravanti
Faber
Fabri
Fludd
Flamel
Filostrate.

Hyginore.

G.

Galien
Gassendi
Glauber
Gallilée
Gelandin
Geber
Gilgil
Grevv
George Veni-
tien.

H.

Hermes
Heraclite
Hortense
Harstorffere
Harvée
Hypocrate
Helisarde
Hamüel
Haly

I.

ISocrate
Jamblique
Julian
Justin
Jacobalmone
Jesid
Josephe
Isaac Holland
Jean de Mehun
Indagine.

K.

Kircher
Kellée
Kerger
Kunrath
Kerchring.

L.　　　　　M.

LE petit Albert
Le grand & petit païsan
Le Comte de Kabalis
La Toison d'or
Les Clavicules de Salomon
L'Hortulain
Libave
Luce Craffe
Licet
Lide
Lactance
Line
Le gros Parmi
Lucien
La fontaine des amoureux
La fontaine perilleuse.

Mesüe
Macaon
Merfenne
Magnan
Milnefcinde
Mathiol
Malpighi
Moyfe
Morfrac
Maneth
Mercurial
Mitigo
Maffarai
Morien
Majere
Macrobe.

N.

NEri
Nolle
Nuifement

Regius
Rohault
Rochas
Roch le Baillif
Redi
Roger Bacon
Reuclin
Riviere
Raban
Riplée
Rolfince.

Schoth
Sanchomaton
Salamis
Sesostris
Sethon
Synese
Songeverd
Scrodere
Strabon
Sachs
Sharroch.

S.

SOcrate
Seneque
Seuleuque
Serapion
Soranus
Seco
Sylvius d'Elle-
boë
Sennert
Severin Danois
Sibille cumée

T.

TRitheme
Thales
Thomas d'Aquin
Ticho Brahé
Tertulien
Trincavelle
Trevisan.

V.

VIrgile
Vegere

Vvillis

Vanhelmont

Vaab

Vicot

Valois.

Xenocrate.

X.

X Ante
Xamolxis

Z.

Z Enon
Zenophon

Zachaire

Zezes

Zoroastre.

F I N.

Si ridendo dicere verum

nil vetat :

Omne tulit punctum,

qui miscuit utile

dulci.

LE
PARNASSE
ASSIEGE'

APRES que l'on eut appris la nouvelle de la mort d'Apollon, qui dans les fables des Payens étoit érigé en Maître du Parnasse, ce fut à qui de toutes les sectes des Philosophes, y établiroit la premiere le trône de sa réputation. Chaque Philosophe distingué dans sa secte, aspira de se rendre Possesseur de cette montagne, & connoissant que l'affaire en étoit épineuse, y comparut armé de sa science la plus subtile pour disputer le passage aux autres Philosophes.

C'étoit un grand plaisir aux habitans des plaines qui environnent le Parnasse, de voir accourir en foule une infinité de Pedans crottés & hors d'haleine, pour pouvoir joüir de ce prétendu degré d'honneur, se flatant déja de la gloire imaginaire d'un Apollon imaginé. On eut dit que leur chemin se terminoit de concert au même but ou qu'une constellation nécessaire les eut fait tous partir pour arriver dans un même jour au pied de la montagne.

Effectivement elle eut été prise d'un premier assaut sans les nuages noirs & épais qui en entourent continuellement le sommet, & si le grand obstacle qu'y trouverent les assiegeans, ne les eut obligés à redescendre plus vite qu'ils n'étoient montés.

Ils en parurent si fatigués qu'ils avoient peine à respirer ; ils n'eurent pourtant que la honte d'un fort malheureux exploit.

Les derniers venus qui n'avoient point encore éprouvé la difficulté de la saillie se mocquoient de la témérité des premiers, mais aprés avoir fait envain tous leur efforts ils se broüillerent eux-mêmes, & l'on vit en tres peu de tems le pied de la sacrée montagne soüillé de querelles, d'injures & de bâteries.

Les plus interessés s'en trouverent scandalisés & le reste des troupes en fut fort incommodé. Ce désordre obligea Athenée de faire des reproches aux assistans dont quelques-uns se choquerent. Ceux qui étoient assés proche pour entendre son discours rougissoient des sottises & des invectives de ce Philosophe. Les plus sensés proposoient de tenir un conseil,

pour que l'on pût prendre des me-
sures sur ce qu'il y auroit à faire;
mais dans ce même tems on aper-
çut un gros de troupes mutinées,
on ne voioit que des coups donnés
& des Officiers blessés. Enfin la
mesintelligence augmentant me-
naçoit d'une sedition générale.

En effet la multitude fut entierement disposée à une guerre civile.
Chacun de son côté commença à
cabaler pour rendre son parti le
plus fort.

A main droite on vit paroître
les Academiciens sur une coline.
Ils faisoient un corps dont Platon
avoit le commandement , il tenoit un si beau langage à ses troupes que l'on n'auroit pas mieux
parlé à Jupiter , quoique Polemon
& Partore ses disciples voulussen t
le contredire.

Les Epicuriens s'éforçoient de
se barricader avec le bagage dans
les bourbiers d'un marais de la plai-

ne ; leur Capitaine ne se soucioit pas beaucoup du faste, aimant mieux vivre dans la volupté que de se donner tant de peine.

Les Gymnosofistes avec les Bragmanes étoient vagabonds dans la campagne. Ils enduroient patiemment la rigeur de la saison, esperant à leur tour venir à la charge.

La secte Ionique ne fit pas grand bruit, Thales le Milesien donnoit le pas aux autres Philosophes par son humilité, quoiqu'il fut le plus sage. Il faisoit alors comme quand on eut pesché le Trepied d'or, qu'il renvoia de sage en sage jusqu'à Apollon en Delphe, ne voulant pas paroitre lui-même le plus sage de tous les hommes.

Les Peripateticiens furent ceux qui porterent la chose un peu plus loin, parce que veritablement faisant plus de bruit que de besogne ils vouloient faire connoitre leur générosité.

Mais cependant on remarque
que ceux qui aprocherent le plus
prés de la place , furent les Gaffendiftes & les Carthefiens. Leur
Capitaines decouvroient plus facilement les chemins , inventoient
plus hardiment des ftratagêmes
& alloient plus vigoureufement
dans la mêlée.

Il n'y eut pas jufques à Confu-
tius qui avec fa Philofophie Chi-
noife vouloit avoir une place parmi les Philofophes de reputation ,
mais il fut trouvé fi confus qu'on
le laiffa dans les brouffailles.

Enfin l'on ne pouvoit s'imaginer
que le bruit dût jamais ceffer. Car
les Stoïciens reprenoient fi rude-
ment de tous côtés les mutins ,
y étant excités par Zenon leur General que l'on auroit veu les Philofophes entre eux en venir bien-
tôt aux mains ; ce qui animoit même davantage toutes les fectes

les unes contre les autres.

Pendant tout ce defordre Socrate voiant voler les livres par la campagne comme les balles dans un jeu de paume, fit figne à Carneades & à Philogene qu'ils fortiffent de l'embarras, où l'on ne s'entendoit pas parler à caufe du bruit. Il leur dit qu'ils lui fiffent venir Ariftippe, Poffidone, Denis le Babilonien, Antiftene & plufieurs autres qu'il favoit aimer les bonnes mœurs, pour deliberer fur les affaires préfentes.

Ce qui ne fut pas plûtôt executé qu'Heraclite, Efchine, Polibe & Apollone, aprocherent de la tente de Socrate qui les fit entrer dans le Confeil : ils confulterent enfemble comment on pourroit prevenir les évenemens finiftres qui faifoient craindre ce tumulte, & de quelle maniere on établiroit enfuite une bonne union.

Mais tous leurs soins n'eussent jamais produit ce que fit la nuit qui favorisa leur desordre. Elle mit à la verité fin au combat, mais non pas à leurs deliberations que la necessité & la crainte du lendemain échaufferent encore davantage.

Ils cesserent leurs demêlés à l'arrivée de Diogene qui avec une lanterne & un écritoire à sa main les mena dans la cabane d'un laboureur de sa connoissance où il voulut tenir conseil & prendre leurs suffrages.

Ils furent d'abord épouvantés d'y trouver Galien, Mesué, & Erasistrate qui aprés avoir fait une consulte avec les Chirurgiens Aquapendente, Jeandevigo & Fioravanti, firent penser Empedocle de quelques coups de poignards que Bernardin Crispa & André Cisalpino lui avoient donné dans la mêlée. Mais sur la parole de

ces Messieurs & sur l'assurance que
le blessé en rechaperoit, ils con-
tinuerent leur deliberation & é-
leurent sans contestation Aristote
Stagirite chef du Conseil.

A peine ce general eut accepté cet
honneur qu'il établit Seneque &
Vegetius pour faire la charge de
ses Secretaires. Aprés quoi suivant
la deliberation qui en fut prise, il
depêcha Demosthene, Isocrate,
Ciceron, Hortense, Cotta, Ana-
ximene, Luce-crace, Philiste &
Quintilien; il les depecha dis-je
à tout le peuple Philosophique
pour l'haranguer à la pointe du
jour & lui faire imprimer par l'é-
loquence de ces Orateurs, des sentimens de paix & de concorde.

Ces illustres personnages s'en ac-
quiterent si dignement, qu'aussi-
tôt que la multitude eut reconnu
leur merite, elle les reçeut avec
un silence plein de respect. Cette
venerable troupe d'Orateurs étoit

trop prudente pour commencer
une harangue par des reprimendes.
Chacun represeta seulement à sa
nation en particulier la difformi-
té & le danger des seditions , la
beauté & la commodité de la paix.

Le discours en parut si poli & le
seul Parallele des figures de Re-
thorique si bien placé qu'il fut
capable d'obtenir le hola & faire
oublier tout le passé.

On represeta ensuite à l'assemblée la difficulté de l'entreprise ,
la roideur de la montagne, l'épois-
seur des tenebres qui la couvroient
& la forte conjecture que l'on
avoit , qu'elle seroit deffenduë par
de certains Philosophes qui par
surprise s'en étoient saisis les premiers , & auxquels aucune secte
en particulier ne sauroit resister.
On ajouta qu'il faloit un tres bon
ordre pour faire réussir le dessein
du général , & que de plus il faloit une aussi sage conduite que
celle

celle d'Ariftote. Cela ne fut pas
plûtôt dit que le peuple cria, *vi-*
vat, Ariftote fut nommé Prince
des Philofophes & c'eft ce qui lui
a acquis depuis une fi grande reputation.

Diogene cependant ne vouloit
pas être de ce fentiment, il difoit
entre fes dents qu'Ariftote étoit
un fat, mais on fe mocqua de lui &
quoiqu'il eut pris la refolution de
faire bande à part pour une revolte, il fe rangea doucement à fon
devoir.

Defcartes excitoit auffi les plus
obftinés à le prendre pour leur
Chef, mais ils aimerent mieux
fe joindre & accommoder leurs raifonnemens à celui du parti d'Ariftote, afin qu'en ne paroiffant ni
Carthefiens ni Gaffendiftes, ils
puffent un jour avoir l'honneur
d'avoir été la caufe de la victoire
remportée, fuppofé cependant que
l'on dût venir à bout de la place.

B

Toutes ces difficultés n'empê-
cherent point les ordres neceſſai-
res pour le ſiege. Ariſtote commanda Zenophon le ſoir même pour
aller reconnoître les paſſages &
prendre langue des forces des ennemis.

Le reſte du tems fut emploié à
la diſtribution des charges. Apollone, Macaon & Podalire furent
mis du conſeil à cauſe de leur âge.
On donna la direction des vivres
à Epicure & à tous ſes Sectateurs.

Galien eut la conduite de la Cavalerie legere qui étoit en grand
nombre. Comme elle étoit au
commencement tres-mal montée,
elle fut bien-tôt renduë leſte, par
les contributions qu'elle exigoit
à tort & à travers dans la Provin-
ce.

Pline, Serapion, Celce, Ste-
phanelle, Aquapendente & Soran
eurent chacun un Regiment de
Carabins. Cardan, Porte & Seco

eurent la charge de l'Artillerie.
Parmenides , Heraclite , Pselle,
Ammone , Algazel , Laurent
Masse & Democrite eurent des em-
plois dans l'Infanterie.

Descartes commanda tous les
Dragons, on lui donna le soin de
choisir des Officiers à sa fantaisie
afin de se mieux signaler , il nom-
ma Mersenne, Regis, Fabri , Magnan,Regius,Antoine le Grand Rohault,Boyle,Dolée,Delleboë,Uvil-
lis,Ethmuller & quelques autres de
ses amis , afin que dans l'occasion
il en put facilement disposer pour
une revolte ; à quoi n'avoit pas
pris garde le bon homme Aristote.

Il ne resta plus que Sennert,Van-
helmont & leur Sectateurs qui n'eurent que la conduite du bagage &
des Pionniers ; ils se plaignirent
d'être si mal pourveus , mais
on leur fit réponse qu'étant la-
borieux , ils exerçeroient proprement cette charge pour animer les

Pionniers & leurs mulets. Il leur falut accepter cet emploi, quoique ce ne fut pas sans murmurer, car ils delibererent de s'aller rendre aux ennemis s'il étoit possible de le faire.

A peine eut on distribué tous les Officiers dans leurs quartiers qu'à la pointe du jour on aperceut revenir Zenophon. Il amena quatre espions, qui s'étoient volontairement deguisés sous des habits de goujats, pour venir reconnoître le camp des ennemis. Aristote les fit examiner & la commission en fut donnée à Epicure, Diogene, Democrite & Platon.

On commença par demander leur nom; le plus petit & le plus éveillé repondit qu'il s'apelloit le petit païsan Jean Chortolassée, parent du côté des femmes du bon homme Monsieur le Comte de Kabalis, & de la branche paternelle du Genie des Sages, dans le songe verd.

Les trois autres Arnaud de Villeneuve, l'Hortulain & Bafile Valentin declarerent fans deguifement & unanimement que la montagne étoit prefque inacceffible & que le chemin difficile & raboteux n'étoit libre qu'aux Philofophes de l'école d'Hermes Trifmegifte qui favoient diffiper les broüillards épais & defagreables de tous les paffages qui pouvoient conduire au fommet.

Ils n'eurent pas plûtôt fini de parler que Democrite eut envie de s'informer de toutes les fortifications des ennemis, & pour cet effet il demanda à Arnaud de Villeneuve fi le General de la Place avoit du genie. Arnaud répondit fagement que la veritable marque de la penetration d'Hermes, ne confiftoit que dans les trois lettres F. R. C. peintes dans les Etendards que portent fes Officiers.

Mais ajouta Democrite en foû-

riant, quelle explication pouvez-
vous donner à ces lettres !

J'entens répondit Arnaud que
quand on a le bon-heur de porter
pour ses armes ces figures Hiero-
glifiques, on est plus riche que
Crefus & on a l'efprit fi ouvert que
l'on poffede à fond toute forte de
fcience , & particulierement les
Matematiques qui font la plus fe-
rieufe aplication de toute nôtre
garnifon. Jugés un peu maintenant
fi la place doit étre hors de l'inful-
te des affiegeans , puifqu'elle eft
fi bien munie de fcience & de richeffes.

Comment donc de richeffes ,
s'écria Democrite , eh pourquoi
paroiffés vous avec un air fi pauvre !

ARNAUD de Villeneuve.

La fanté fait nôtre plus riche
tréfor. Nous nous eftimons affés

heureux lorfque nous apliquant
aux fecrets les plus cachés de la
nature , nous parvenons par nôtre
travail à la connoiffance de la
pierre triangulaire qui nous préferve de toute forte d'incommo-
dité..

DEMOCRITE.

Quoi vous n'étes point fujets
aux maladies comme le refte des
hommes ?

ARNAUD.

Nôtre medecine préferve de
quelque indifpofition qui nous
puiffe arriver , parce que furpaffant
en vertu tous les autres remedes ,
elle ne peut pas feulement guerir
les maladies que l'on croit ordinairement incurables , mais elle
communique à la perfonne une tres
bonne difpofition jufqu'à un cer-

tain nombre de ses descendans , en lui prolongeant le cours ordinaire de sa vie qui est le terme prescrit de Dieu.

DEMOCRITE.

Il est vrai que l'homme peut vivre naturellement jusqu'à cent ans, mais je ne crois pas que vôtre medecine puisse en faire voir davantage.

ARNAUD.

Dieu a confié à ceux qui possedent ce précieux don , la liberté d'être maître de la vie & de la mort. Il les a fait pour ainsi dire des demi Dieux , pouvant vivre plus de cent ans par raport à leur humanité , puisqu'il y a eus de ces Philosophes qui ont atteint quatre cens ans & même ont été jusqu'à , mille.

DEMOCRITE.

Mais pourquoi lifons nous qu'il y a eu de ces difciples d'Hermes qui font morts fi jeunes.

ARNAUD.

Si ces Philofophes n'ont point voulu prolonger leur vie, c'eft parce qu'en joüiffant de ce monde de mifere ils étoient privés d'un plus agréable fejour. Car il eft affuré que leur fcience repréfente fi vivement la gloire éternelle qu'aprés avoir abandonné les vanitez du fiecle, on ne fouhaite que d'adorer Dieu & aprés cette vie, voir face à face le Createur dans le Paradis.

Secondement vous m'avoüerés que quoique ces Philofophes puiffent conferver leur vigueur comme dans leur tendre jeuneffe & re-

tarder en méme tems la vieilleſſe ,
neanmoins parceque le terme de
leur vie eſt preſcrit par le Tout-
Puiſſant , ils ne ſont point en état
quand l'heure eſt venuë , de prolonger leurs jours & s'immortali-
ſer.

De plus croiez-vous que tous
ces Philoſophes ſoient morts.
Combien y en a t'il eu que l'on
avoit cru avoir déja paſſé la bar-
que à Caron , & qui cependant
fort long-tems aprés ont été trou-
vés en vie. Ils ont eux-méme fait
courir le bruit de leur mort , parce qu'étant tous les jours en dan-
gers d'étre tourmentés ou d'étre
mis en priſon ſous la reputation
qu'ils ont d'étre poſſeſſeurs de la
pierre des Philoſophes , ils ont
changé de nom & de Païs , & ils
ont voiagé , voiagent encore aujourd'hui & voiageront *incognito*
juſqu'à la derniere heure de leur
vie.

DEMOCRITE.

Je vous accorde ce que vous ve-
nez de me dire, mais s'il vous plait,
s'ils étoient attaqués de la lépre,
de la goutte, la paralifie, le mal
caduc, de l'idropifie, & de ces
certains maux fecrets & à la mode,
s'en pourroient ils facilement guérir.

ARNAUD.

Toutes ces maladies ne fauroient
refifter à la vertu de leur medecine. Il faut feulement remarquer
que les maladies fimples font plus
facilement guéries que les compo-
fés. Par exemple, fi l'incommodi-
té avoit été de cent ans, elle feroit entierement guérie en un
mois. Si elle avoit duré cinquante
ans, on en viendroit à bout en
quinze jours. Si elle étoit de vingt

ans , en huit jours ; si de sept ans, en deux jours ; Enfin si le mal étoit d'un an , en un jour on en verroit la guérison.

Aprés de si rares qualitez ne voudriez vous pas que cette medecine pût faire entendre les sourds, voir les aveugles, marcher les boiteux & parler les muets : elle peut renouveller l'homme tout entier en lui faisant changer la peau , tomber les vieilles dents , les ongles & les cheveux blancs à la place desquels elle en fait croître de nouveaux selon la couleur que l'on desire.

DEMOCRITE.

Comment se doit on servir de cette prétieuse medecine.

ARNAUD.

Vous me demandez une chose

qui n'eft pas de petite importance.
Quoique nôtre Elixir gueriſſe en
tres peu de jours les infirmités les
plus rebelles , il peut auſſi donner
la mort à une perſonne qui en
prendroit trop , comme l'ont mal-
heureuſement experimenté quelques-uns de nos Philoſophes ;
parce qu'alors par le trop long
uſage qu'ils en ont fait , on a reconnu que la chaleur du remede
étoit ſuperieure à celle de leur
eſtomach. Mais voici comme on
le prend avec précaution. On de-
laye un ou deux grains de nôtre
pierre dans un vaze avec du bon
vin blanc qui ſur le champ devient
jaune. On en boit & l'on en regle
la quantité ſur les forces & le temperamment du malade. Que ſi la
pierre avoit été multiplié une fois,
il faudroit méler le grain avec mille grains de vin. Si elle a été multipliée deux fois ; avec deux mil-
les grains & toujours de méme à

proportion. On le prépare encore plus facilement de la maniere
suivante, on fait avaler un grain
d'Elixir dans quelque liqueur à un
mouton, ou bien le quart d'un
grain à une volaille. On tuë quatre ou cinq heures aprés l'animal
qui a souffert la force de la medecine. Ensuite on fait cuire la viande que l'on peut manger avec toute asseurance ; & dont on peut
prendre les bouillons sans craindre aucun danger.

DEMOCRITE.

Pourroit-on aussi emploier â
propos vôtre Elixir dans les maladies externes comme dans les ul-
ceres, les fistules, cancers, écroüel-
lés, bubons & generalement tou-
ces sortes de galles.

ARNAUD.

Si l'on mêle cet Elixir avec less

emplâtres ordinaires il procure en
tres peu de tems une parfaite guérison ; il fait encore une operation
bien particuliere , c'est qu'aprés
que la plaie est guérie on ne s'a-
perçoit point de la cicatrice, &
la partie devient plus blanche que
la neige.

DEMOCRITE.

On pourroit donc s'en servir
pour l'embelissement du visage.

ARNAUD.

C'est la vraie huile de Talc dés
Anciens , elle rajeunit & rend le
tein vermeil. Si l'on en met sur
le visage une ou deux gouttes ,
elles s'étendent tellement par toute la face qu'elle lui donne une
blancheur extraordinaire. Elle en-
tretient méme le visage si frais
qu'aprés la mort de la personne ,

il ne paroit que tres peu changé ,
car elle ne penetre seulement pas
la peau , mais encore le crane.

DEMOCRITE.

Le beau sexe seroit bien aise
que vous le fissiez participant de
ce secret ; il en retireroit beaucoup
d'agréments.

ARNAUD.

Il seroit à souhaiter à la verité
pour la consideration que l'on doit
toujours avoir pour les Dames,
qu'elles joüissent de ce trésor.
Mais il ne faudroit pas aussi qu'il
tombât entre les mains de certaines personnes qui en abuseroient.
Car s'il est utile en plusieurs oc-
casions , dans d'autres il est en état
de pervertir toute la nature. Pourroit-on s'imaginer qu'une femme
n'aiant que fleuré cet Elixir soit

auffi-tôt délivrée du travail d'enfant avec une fi grande facilité qu'il femble un miracle. Il fait auffi fortir le fruit en quelque mois qu'il foit de fon terme fi l'on en mêle avec quelque emplâtre que l'on aplique dans l'endroit convenable. Une feule goutte mife dans ce même lieu échauffe tellement une femme fterile qu'indubitablement elle devient enceinte pour peu de vertu que l'homme puiffe avoir; lui-même dans l'occafion peut s'en fervir comme la femme & quelque vieux & impotant qu'il fut fans bleffer aucunement la nature, il feroit affuré d'engendrer. Une goutte encore de ce même Elixir mife aux temples d'une Damoifelle ou à la barbe de fon amant, rend une odeur fi fuave que quand ils paffent dans une ruë on la fent dans toute une maifon & la fenteur en dure plus de dix jours entiers.

DEMOCRITE.

Vos experiences font fi difficiles à croire que vous me permettrés de n'y ajoûter foi que par benefice d'inventaire.

ARNAUD.

Cette medecine a d'autres vertus encore plus incroiables. Quand elle eft à l'Elixir blanc , Elle a tant de fympathie avec les Dames dont vous me parliez tout à l'heure , qu'elle peut renouveller & rendre leur corps auffi robufte & vigoureux qu'il étoit dans leur jeuneffe. En forte qu'elles ne paroiffent pas avoir plus de dix-neuf ans & elles ont un vifage plein comme la Lune dans fon quatorze.

Pour cet effet on prépare d'abord un bain avec plufieurs herbes

odoriferantes dont elles doivent
bien fe froter pour fe décraffer.
Enfuite elles entrent dans un fe-
cond bain fans herbes , mais dans
lequel on a diffous trois grains d'E-
lixir blanc avec une chopine d'efprit de vin. Elles reftent un quart
d'heure dans ce bain , aprés quoi
fans s'effuier on fait préparer un
grand feu pour faire fecher cette
prétieufe liqueur. Elles fe fentent
alors dans elles même fi fortes &
leur corps eft rendu fi blanc qu'elles ne pourroient pas fe l'imaginer fans l'avoir experimenté.

Nôtre bon pere Hermes demeure d'accord de cette operation ,
mais il veut outre cela qu'en même tems on prenne pendant fept
jours de fuite interieurement de
cet Elixir & il ajoute que fi une
Dame fait la même chofe tous
les ans, elle vivra exempte de toutes les maladies auxquels font fu-
jettes les autres femmes.

DEMOCRITE.

Donnés-vous encore quelque
qualité incomprehensible à vôtre
pierre.

ARNAUD.

Je n'aurois jamais fini sur l'article du genre animal. Elle est le
prétieux préservatif de la peste,
du mauvais air, & par consequent
de ces grossiers broüillards qui dé-
truisent entierement la poitrine.
Elle empéche un homme de s'eny-
vrer, elle excite la passion de Venus, conserve le bon vin dans sa
bonté, le corrige quand il est gâté,
chasse toute sorte de poison & ce
qui est de plus admirable, elle fait
chanter en hyver la linote, le cana-
ris, le rossignol, la cigale, & toute
sorte d'oiseaux comme dans leur
propres saisons.

DEMOCRITE.

L'homme doit-il obferver quelque temps pour fe fervir de cette medecine.

ARNAUD.

Pour fe conferver en parfaite fanté, on en peut bien prendre en tout tems, mais il vaut mieux que ce foit au commencement du Printems & de l'Automne, car alors l'homme fe renouvelle avec toute la nature. Pour ce qui regarde les autres operations, il n'y a point de faifon determinée ; il ne s'agit que d'avoir de la poudre parfaite.

DEMOCRITE.

Comment connoiffez-vous que vôtre poudre eft parfaite.

ARNAUD.

On le connoît en trois manieres. La premiere c'est que si l'on met un vase rempli de cette poudre dans quelque coin d'une chambre , toutes les personnes qui y entreront par un espece de miracle en seront attirées comme l'aimant attire le fer.

Secondement si l'on met le même vase sur le haut d'une tour, l'odeur de la medecine fera assembler aux environs de la tour , les oiseaux jusqu'auxquels pourra parvenir cette odeur.

Et en troisiéme lieu c'est que si l'on méle peu à peu de cette poudre dans de l'esprit de vin , il sortira des étincelles ardentes dorées, & il paroitra dans le vase une infinité de couleurs.

DEMOCRITE.

De bonne foi penfez-vous que
je fois obligé de croire toutes ces
hiftoires, & comment compren-
drois-je qu'une même medecine
pût faire des effets fi differents &
neantmoins elle conferveroit le
corps de l'homme en une tres parfaite fanté. Parlez-moi un peu plus
ferieufement je vous prie.

ARNAUD.

Puifque vous voulez que je vous
parle d'un ftile plus fublime, je
vais tâcher de vous contenter.
Quoique cette medecine faffe di-
verfes operations, cependant comme elle tend toujours vers la perfection de la nature, elle confer-
ve les quate elements ou les trois
principes en égalité, jufqu'à ce
que Dieu permette leur deftruction

provenuë à cause de la desobéïssan-
ce de nôtre premier Pere.

Car enfin la mort n'étant autre
chose que la destruction & la sepa-
ration des Elements qui composent les corps de la nature, il n'y
a pas de doute que si l'on peut
toujours entretenir une juste tem-
perature sans qu'un principe sur-
monte l'autre, le corps ne mour-
roit jamais; ce qui lui seroit facilité par la subtilité & la fixité de
la substance de cette medecine qui
à cause de l'abondance de l'humide
radical principe de toutes choses,
peut mettre en action continuelle
la chaleur des mixtes & particulierement celle des animaux.

Ce qui a fait dire avec raison
que c'est un sujet digne d'admiration, qui fait une infinité de miracles, lesquels ne sont que des
Phenomenes de la simple nature,
mais que les ignorans croient étre
la production de la magie, ne fai-
sans

sant pas réflexion que c'est un sa-
crilege & une impieté d'attribuer
au demon ce qui est dû à l'Auteur
de la nature , d'autant plus que
l'esprit malin n'opere rien de sur-
naturel ; il ne fait qu'apliquer les
choses actives aux passives & il
ne connoit pas même l'avenir par
une veritable marque de son ignorance.

DEMOCRITE.

Je suis tres satisfait de vôtre réponse ; reprenez un peu maintenant haleine & donnons lieu à
Monsieur Epicure d'éxaminer vôtre camarade.

Eh bien mon ami dit Epicure
à l'Hortulain, êtes-vous informé
de la science des Philosophes qui
occupent le Parnasse.

L'HORTULAIN.

Puisque vôtre grandeur m'obli-

ge à lui découvrir ce que j'ai appris par mon travail ; elle saura
qu'étant apliqué à vouloir faire
venir des roses quatre fois l'année, j'ai eu le bonheur d'en trouver le secret & de multiplier tellement la vertu du rosier qu'il
produit des feüilles & des fleurs
la moitié plus qu'à l'ordinaire.

E P I C U R E.

Dites-moi je vous prie où avez
vous trouvé ce secret ; car voila
un grand acheminement pour vivre fort heureusement.

L'HORTULAIN.

Je ne sai presque comment cela
s'est fait, mais en cherchant dans
une de nos vieilles mazures, car
je suis Jardinier de profession, je
trouvai par hazard un livre tres
ancien fait avec une écorce d'ar-

bre. Il étoit écrit par Hermes &
il contenoit cette belle invention
que j'ai experimentée tant de fois
avec plaifir.

EPICURE.

Pourriez-vous faire de toute
forte de fruits, d'herbages, & de
fleurs, ce que vous faites des ro-
fes.

L'HORTULAIN.

Je peux non feulement faire
étendre la vertu des fleurs, des ar-
bres & des legumes pour leur faire porter du fruit quatre fois l'année, ils en produiront même tous
les mois ; & bien loin que leurs
forces en foient diminuées, elles
feront augmentées au centuple.
Cela fe fait par le moien de nôtre
Medecine qui eft un foleil terreftre
répandant fans ceffe fes fertiles

raïons du centre à la circonference & fortifiant tellement la nature des mixtes qu'ils surpassent
leur état ordinaire.

EPICURE.

Pourroit-on transporter les ar-
bres d'un païs chaud dans un autre qui seroit froid sans leur causer
aucun dommage.

L'HORTULAIN.

Les Plantes les plus delicates
qui ont de la peine à pousser dans
les climats d'un temperamment
different de celui qui leur est naturel , étant arrosées de nôtre Elixir deviennent aussi vertueuses que
si elles étoient dans leur terroir
natal.

EPICURE.

Mais est-il possible que dans

l'hiver où toutes les plantes sont
comme mortes , elles puissent fleu-
rir comme dans le Printems &
l'Eté.

L'HORTULAIN.

Cette Medecine rend toute forte d'herbes propres à germer & à
croitre au milieu de l'hiver. Les
plantes veneneufes en font méme
fi purifiées que fi l'on vient à s'en
fervir alors pour les mêmes maux
qu'elles auroient pû produire auparavant d'étre corrigées , elles
guériffent la perfonne fur le champ.
La ranuncule des prés , nommée
par les Herboriftes *apium rifus,*
fait mourir en riant quand on en
a mangé. Le napel eft fi veneneux
& fon poifon eft fi violent qu'il
n'y a prefque point de contrepoi-
fon qui foit capable d'y remedier ,
jufque là méme que fi l'on dor-
moit à fon ombre , on feroit en-

suite si assoupi que l'on n'en pourroit plus revenir , comme l'ont à
leurs dépens experimenté deux ber-
gers dans la campagne de Tibur-
te.

En un mot l'aconit , la morel-
le & le mangas bravas des Indes
font des venins si présens qu'aussi-
tôt que l'on en a pris on devient
fou & enragé. Mais si ces parties
antipathiques à la nature des animaux sont corrigées & temperées
par la force superieure de nôtre
medecine , elles sont alors plus
specifiques que ne seroient les remedes tirés des Mineraux qui doivent abonder en un sel d'autant
plus propre pour servir de contrepoison qu'ils sont tirés de l'arse-
nic , de la sandaraque & de l'orpi-
ment.

EPICURE.

Comment emploiez-vous donc

cette medecine pour donner aux
plantes de fi grandes vertus.

L'HORTULAIN.

On tire le fuc de la plante que
l'on veut corriger ou faire fructifier. On diſſout deux grains plus
ou moins de nôtre Elixir dans une
peinte de ce fuc , duquel on ar-
roſe enfuite les racines de la plante; & parce que ce fuc eſt fort femblable à la méme plante , il eſt
facile à croire que la chaleur de
la medecine s'uniſſant intimement
avec celle des fimples , elle les
rend en tres peu de tems contrai-
res à leur premiere nature , quant
à la malignité en leur faiſant produire dans un arbre des fruits meilleurs que les autres de leur eſpece,
& fi c'eſt une plante , des fleurs
plus belles que les naturelles. Car
les couleurs en font tres agréables
& l'odeur beaucoup plus forte ,

C iiij

de maniere qu'elles peuvent étre
conservées plus long-tems que
d'autres , parce qu'elles font moins
corruptibles.

EPICURE.

A t'on fait quelque fois cette
experience fur la vigne , car il me
femble qu'avec les proprietés qu'elle a naturellement , on en feroit
un prodige pour le regne vegetal.

L'HORTULAIN.

Quelques Philofophes ont pris
plaifir à faire non feulement produire du raifin à la vigne tous
les mois , ils ont mis encore un
grain de la poudre Phifique dif-
foute avec du vin , dans le centre
de la racine d'une vigne , & elle
a produit des feüilles & du raifin
marqués de plufieurs petites , tâ-

ches d'or tres agréables à voir;
les pepins méme en étoient auffi
empreints que fi on les avoit do-
rés exprés.

EPICURE.

Cela furpaffe l'imagination &
j'avoüe franchement que nos Philofophes quelques habiles qu'ils
foient n'ont jamais fait de fi belles
découvertes. Je ferois fort curieux
de favoir vos fecrets.

L'HORTULAIN.

Voici encore une operation qui
n'eft pas moins furprenante. On
détruit entierement une femence
de fon germe, & enfuite on le lui
redonne en plus grande qualité.
On prend par exemple une livre
de féves, on les fait boüillir, aprés
quoi l'on les laiffe fécher. Il eft
affuré que par le degré de feu qu'el-

les auront ſouffertes , le germe aura été entierement détruit & par conſequent elles ſeront incapables, de produire. Mais ſi l'on veut faire revivre & fructifier les féves, on diſſout dans la meme eau qu'elles auront boüillies deux grains, de la medecine, & alors on y trempe les mémes féves & elles ne manquent point de s'impregner de la vertu vegetative dont on les avoit privées.

En effet on a ſemé de trois fortes de féves , ſavoir de celles qui avoient été boüillies , qui loin de profiter , pourrirent en tres peu de tems dans la terre. On en planta des ordinaires qui pouſſerent ſelon leur tems , la chaleur & le beau tems ; au lieu que les dernieres à qui l'on avoit redonné la vertu perduë firent paroitre leur fleurs en moitié moins de tems & raporterent le centuple.

EPICURE.

J'aime fort toutes vos experiences , elles sont tres commodes
pour la vie.

L'HORTULAIN.

J'en fais un autre tres singulie-
re. Je prens une plante entiere &
tres séche , la dût on mettre en
poudre avec les doigts pour la
prendre comme du tabac. Je laif-
se tremper la racine dans une liqueur préparée , & en quatre heures de tems la plante commence
à réverdir , comme si on venoit
de l'arracher de la terre & dans la
suite elle porte les mêmes fleurs
qu'elle auroit produit auparavant.

EPICURE.

Si ce que vous dites est veri-

table , on pourroit toujours entretenir un pot avec des fleurs dans
une entiere beauté en les arrosant
de tems en tems de vôtre liqueur.

L'HORTULAIN.

Ne doutés point s'il vous plait
de ces experiences. Je n'avance
rien que de tres probable. Il n'est
pas que vous n'ayez souvent entendu parler de la Palingenese qui
est la réproduction des êtres d'une
plante.

C'est une rare curiosité. On
prend de nôtre medecine on la dis-
sout avec l'esprit de vin , que l'on
mêle avec parties égales de l'eau
distillée d'une semblable plante
que l'on veut reproduire ; on y
ajoute trois gros de son propre
sel , en sorte que le vase doit être
rempli jusqu'au gouleau. On le
met ensuite dans une place sans
le remuër & trois jours aprés on

y voit croître une plante pareille
à celle dont on avoit distillé l'eau
& tiré le sel , & la plante demeure
toujours en cet état. Mais si l'on
vient à mouvoir le vase , la forme
de la plante se détruit ; elle retourne neantmoins dans sa premiere figure , si l'on la laisse encore repo-
ser trois jours. C'est ainsi que l'on
fait le Palingenese.Il est vrai cependant que si on avoit les trois principes d'une rose tellement astrali-
sés & separés de leurs parties heterogenes que par un moien unis-
sant entre le sel , le soulfre & le
Mercure , on fit un sel qui se fon-
dit à la moindre chaleur , il est
vrai dis-je qu'en mettant ce sel
dans un vase on verroit au dedans
l'entiere représentation de la rose.
Vous pourrez-vous éclaircir de vôtre doute dans les Autheurs que
voicy , comme dans Fabre , dans
Quercetan , d'Ygbi , Desclaves ,
Kerger , d'Obrzenski , Cornario ,

Molter, Harſtoffer, Daviſſon, Severin Danois, Kircher, Horſtius, Scroder, Borel, Boccone, Sachs, Rolfince & Hygmorre, parce que je ſerois trop long ſi je vous raportois toutes leurs raiſons.

EPICURE.

Ne laiſſez pas pourtant que de me citer quelque bon paſſage pour me mieux confirmer toutes vos vérités.

L'HORTULAIN.

Thomas d'Aquin au livre intitulé l'être des êtres, & Raimond Lulle, parlent de la prompte naiſſance des fruits & des fleurs.

Le premier dit que l'on peut par artifice accompagné de la nature dans l'eſpace d'une heure, tirer de la ſemence d'un concombre, les feüilles, les fleurs & les fruits. Pour le prouver encore davantage il ajoûte ces propres paroles , parce que j'ai veu que pendant que nous étions à table pour commencer à manger , on fema de la graine de concombre dans une terre préparée & arrofée d'une certaine eau faite exprés & auffi-tôt il en fortit des feüilles & des fleurs & enfuite du fruit que l'on nous fervit à table auparavant que nous fuffions à la moitié du repas.

A l'égard de Raimond Lulle , il raporte que fi l'on prend la valeur d'un grain de millet de cette medecine , qu'on la faffe diffoudre dans de l'eau & que l'on la mette enfuite dans le cœur d'une vigne jufqu'à la profondeur ou la concavité d'une noifette , il en naîtra artificiellement des fleurs & des rameaux , ce qu'il a fait de fes propres mains dans le mois de Mai.

Aprés de si authentiques cita-
tions doutés Monsieur tant qu'il
vous plaira, la chose n'en sera pas.
moins veritable.

EPICURE.

Je suis content pour les Autheurs,
mais pour ma derniere satisfaction,
expliqués-vous par quelque bonne raison naturelle.

L'HORTULAIN.

Cette terre & cette eau préparée ne sont autre chose que le premier & second Ciel magique, l'or
Superieur & Inferieur, qui étant
unis tous deux ensemble comme
le principe de tous les Mixtes,
font le premier être de l'or vulgai-
re dans lequel on trouve pareille-
ment le premier être du concombre & de la vigne, ce qui leur donne une si prompte vertu. Car alors

leurs trois principes actifs & con-
ftitutifs étant augmentés dans le
fupréme degré par la nature de nôtre medecine & n'agiffant plus fur
leurs parties terreftres, le concombre & la vigne n'ont pas plus de
peine à pouffer en tres peu de tems
parcequ'ils ont toute la chaleur re-
quife , que s'ils demeuroient deux
ou trois mois pour attendre les
influances du Soleil élementaire.
La méme chofe fe pourroit faire
de tous les autres vegetaux , parce que de méme que l'on peut faire venir le concombre , on pourroit auffi avoir en tous tems des
raifins , des pommes , des poires ,
des fraifes , des framboifes & des
melons dans leur parfaite matu-
rité.

EPICURE.

C'en eft affés pour le préfent.
Nous ne tirerons pas un petit

profit de vos réponces. Si vôtre
troifiéme campagnon nous décla-
roit encore quelque chofe d'auffi
particuliier nous pourrions vous
rendre tous heureux & vous donner
de tres bons emplois dans le Parnaffe , lorfque nous nous en ferons
rendus les maîtres.

Mais il me femble que je vois
avancer Monfieur Diogene laiffons-
le parler.

DIOGENE.

Eft il vrai Bafile Valentin que
vous avés fait un fi grand amas
de charbon dans la montagne que
vous étes caufe qu'il a été renche-
rí de moitié depuis un mois dans
ces Païs-bas. À quoi vous en fer-
vés vous tant ?

BASILE VALENTIN.

J'en fis faire il y a quelque tems

une bonne provifion parce qu'a-
prés avoir fini l'œuvre des Philofophes, je voulus travailler à la
multiplication & à la projection.

DIOGENE.

De quelle maniere faites-vous
cette projection.

BASILE.

Lorfque le Philofophe eft par-
venu à l'Elixir rouge parfait, il
n'a encore achevé que la moitié
de fon œuvre. S'il veut alors fe
fervir de fon travail pour le genre Metallique, il commence ordinairement par la multiplication
auparavant que de projetter fur
les metaux imparfaits pour leur
tranfmutation en or ou en argent.

DIOGENE.

Puifqu'il faut aller par degrés,

commencés comme vous l'entendrez, je m'en raporte fidellement à vous.

BASILE.

Il n'y a point d'autre myſtere que de prendre de nôtre pierre parfaite & en mettre une partie, avec trois ou tout au plus quatre parties de Mercure de la premiere operation, c'eſt à dire du Mercure des Philoſophes, & de donner à cette compoſition un feu convenable pendant ſept jours, aprés avoir ſellé le vaiſſeau bien exactement.

On aura un tres grand plaiſir à voir qu'elle paſſera tout de ſuite par tous les régimes & le tout ſera augmenté en vertu mille fois plus que la pierre ne l'étoit avant cette multiplication.

Si on fait la même choſe une ſeconde fois elle paſſera par tous

les régimes en trois jours & sa
vertu tingente augmentera encore de mille fois autant.

Si l'on réitere l'operation pour
la troisiéme fois, on fera passer
l'ouvrage par tous les régimes
& toutes les couleurs dans l'espa-
ce d'un jour.

Enfin tout cela se fera dans une
heure si pour la quatriéme fois on
fait la méme chose. De sorte que
l'on ne pourra jamais trouver la
fin de la vertu de la pierre qui sera
si grande qu'elle sera infinie & par
conséquent incompréhensible si
l'on continuë à la multiplier.

DIOGENE.

Dites-moi , s'il vous plaît ?
Comment doit on entendre cette
multiplication à l'infini.

BASILE.

Il ne me sera pas difficile de

vous le prouver. Sachés que lorsque la nature agit dans le méme sujet pour la production d'une méme substançe , elle ajoûte dix degrés de perfection à chaque production outre les degrés précedans, soit qu'elle produise une nouvelle espece ou qu'elle perfectione celle qui a déja été produite. Et c'eſt ainſi que la multiplication peut étre faite de dix à cent , de cent à mille & de mille toûjours à proportion.

DIOGENE.

A quoi vous servés-vous enfuite de cette poudre augmentée.

BASILE.

On l'emploie ordinairement pour faire la projection dans la tranſmutation de tous les Métaux imparfaits , quoiqu'à la vérité l'on

pur faire cette même tranfmutation avec la pierre fimple parfaite, fi l'on en met une partie avec
dix parties de Mercure vif des
Philofophes ; au lieu que quand
on fait la tranfmutation avec la
medecine multipliée, fi elle l'eft
pour la premiere fois, on en met
une partie fur cent du fufdit Mercure : que fi elle eft multipliée
deux fois, fur un grain de la pierre on met mille grains de Mercure.

DIOGENE.

C'eft donc là cette poudre de
projection qui pourroit conver-
tir en or & en argent tout l'Ocean,
fupofé qu'il fut entierement vif
argent, & que quand un Philofophe l'a achevée dût-il vivre mille
milliers d'années & chaque jour
nourrir quatre mille hommes, il
pourroit furvenir à les entretenir
tous par fon travail.

BASILE.

Oüi c'eſt cette medecine qui change tous les Metaux imparfaits en or & en argent, meilleurs que ceux que la nature a coutume de produire. Il eſt pourtant à remarquer qu'il faut toujours avoir purifié leſdits Metaux de toutes leurs parties terreſtres & heterogenes & que l'on doit ſe ſervir dans l'operation des Metaux les plus prochains de la pierre ſoit à la blanche ſoit à la rouge.

DIOGENE.

Faites-moi comprendre comment ſe fait la projection.

BASILE.

On prend de la pierre ſoit au blanc pour l'argent, ſoit au rouge

ge pour l'or , des deux autant que
l'on veut. On la fait fondre dans
un creufet bien net & enfuite on y
jette de la pierre felon le degré.
Quand tout eft mêlé & incorporé
on renverfe le creufet & l'on trouve une maffe qui pourra fe mettre
en poudre.

On prent par exemple de cette
poudre une partie & de Mercure
bien lavé dix parties , on les fait
chauffer jufqu'à ce que le Mercure commence à pétiller & frémir ,
on jette alors la poudre fur ce
Mercure & elle le pénétre d'un
clin d'œil.

On fait fondre tout cela en augmentant le feu & il fera converti
en une medecine de l'ordre inferieur.

On prend pour lors une partie
de cette medecine , & l'on l'a projette fur autant de quelque métal
que ce foit & que la poudre en
pourra teindre , quand il fera en

D

fuſion & qu'il aura été bien purgé comme nous l'avons déja dit ; car ordinairement une partie de cette poudre au rouge en convertit en or mille de Mercure commun, vingt de plomb, trente d'étain, cinquante de cuivre & cent d'argent, faiſant toujours la projection peu à peu.

Que ſi l'on n'avoit pas aſſés de Mercure Phiſique, on ſe ſerviroit du Mercure comun pour dégrader la pierre en cette maniere.

On projette une partie de la pierre ſimple ou multipliée ſur dix parties de vif argent comun un peu échauffé, il s'en fera une pouſſiere qui ſera de même nature que la pierre même, mais cependant de moindre vertu.

Enſuite on met toute cette pouſſiere ſur cent parties de Mercure comun, il ſe fait encore une poudre de méme nature qu'auparavant & il la faut projetter toute en-

tiere fur mille parties de ce méme
Mercure. Et fi cette poudre paroit
encore humide on la fait fécher
au feu , il refte enfin une poudre
de projection qui aura lieu fur lef-
dits Métaux en gardant les propor-
tions cy-deffus marquées.

DIOGENE.

Vôtre medecine a t'elle d'autres ufages.

BASILE.

Elle change les pierres tant naturelles qu'artificielles en pierres
prétieufes , elle ôte les tâches de
ces dernieres. Elle fixe quand elle
eft au blanc toutes les pierres qui
ont la couleur blanche comme
diamants , faphirs blancs, émeraudes & marguerites. Si la pierre eft
au vert elle fait des émeraudes de
fa couleur , fi elle eft à la couleur

de l'arc en Ciel, elle fait des opales,
avec la poudre jaune, c'est à dire
auparavant qu'elle devienne rouge, on en fait les pierres jaunes
telles font l'hyacinthe, diamans
jaunes, topafes &c. Enfin avec la
rouge on en fait des Efcarboucles,
rubis & granats qui furpaffent en
beauté & envertu les pierres Orientales.

DIOGENE.

Je fupofe que vous puiffiés leur
donner la couleur, mais quand
à leur dégré & à leur fixité, la
chofe eft difficile.

BASILE.

Je vous dis encore une fois que les
pierres alors montent à un fi haut
dégré de perfection qu'elles font
honte à leurs femblables. On en
voit l'experience dans le criftal

que cette medecine réduit en diamant si fin , si éclatant, si pesant &
si fixe qu'il est plus diamant que
le diamant même. Il faut cependant remarquer dans l'operation
les degrés de chaleur car le cristal
se calcineroit par un feu violant,
ce qui n'arrive point dans la suite
lorsqu'il est interieurement péné-
tré par la medecine.

On se servira toujours encore
mieux à propos du cristal que l'on
aura fait avec la pierre au blanc ,
dont trois grains versés sur un verre d'eau de fontaine, la rendent sur
le moment dure & transparante
comme est le veritable cristal.

DIOGENE.

Enseignés-moi comme se font
ces pierres préticuses.

BASILE.

Si l'on veut faire des perles de

la semence des orientales, on prend
de leur semence & on la fait dis-
soudre dans nôtre medecine qui la
reduira facilement sur un feu doux
en maniere de gelée époisse. C'est
cette gelée que l'on peut former
avec les mains & à qui l'on donne
telle figure & grosseur que l'on
veut, fut-elle comme celle que
l'on montre dans la gallerie du
Grand Duc de Florence ; ces perles se font ordinairement rondes
& on prent un moule d'argent do-
ré au dedans, bien poli & separé
en deux parties comme ceux des
potiers d'étain.

On forme la perle, on a soin
d'y faire un petit trou afin qu'un
petit fil d'or comme un cheveux
y puisse passer. On remplit ensuite les deux moitiés du moule de
ladite paste avec une spatule d'or,
on place le fil d'or dans le milieu,
on ferme le moule & on passe &
repasse le fil pour faire les perles
percées.

Aprés quoi l'on ouvre le moule,
l'on met la perle dans un plat avec
ſon couvercle d'or ſans la toucher
des mains afin de la faire ſecher à
l'ombre ſans que le Soleil y donne
deſſus.

Quand on les a ainſi toutes faites & qu'elles ſont bien ſeches, on
les paſſe dans le fil d'or ſans les
toucher & on les trempe dans de
l'eſprit de vin dans lequel on aura
encore diſſout de l'Elixir. Alors
on retire les perles, & on les fait
ſecher, car elles ſont tres parfaites
pour l'uſage.

DIOGENE.

Vôtre pierre a t'elle encore quelqu'autre utilité.

BASILE.

Elle a deux vertus tres ſurpré-
nantes, la premiere eſt à l'égard

du verre à qui elle donne interieurement toute forte de couleur
comme aux vitres de la Sainte
Chapelle de Paris , & qu'elle rend
malleable , & femblable à la Taffe
qui fut préfentée à l'Empereur
Tybere. C'eft à dire que l'on peut
fraper & bâtre ce verre fur l'enclu-
me comme tous les Métaux. Elle
lui infinuë une certaine Oleagino-
fité fixe qui lui manquoit pour
l'extenfion & l'unit parfaitement
bien en toutes fes parties. L'Or
avec fa beauté feroit-il alors à
comparer avec ce verre ! On en
bâtiroit des maifons qui ne péri-
roient prefque jamais , & au travers defquelles on verroit tout ce
que l'on feroit dedans.

La feconde qualité finguliere eft
que fi l'on trempe un linge ou tout
autre matiere combuftible dans nôtre Elixir , le feu ne le peut point
confommer , ny lui donner aucune atteinte.

De même fi l'on le mêle avec
l'huile ordinaire pour la lampe ou
qu'on l'incorpore avec de la cire
pour en faire des flambeaux, ils
s'enflâmeront & brûleront toujours fans fe confommer, particulierement fi l'on fait le luminon avec
Lamianthe ou l'alun de plume.

Bref je n'aurois jamais achevé
de parler des vertus admirables de
nôtre pierre, il me fuffira de dire que
c'eft une eau féche qui ne moüille
point les mains & un feu humide
qui ne brûle point; que par le moien
de ce petit monde on peut faire
voir tout ce qui eft dans le grand.
On échauffe les chofes froides, on
rafroidit les chaudes, on humecte les
féches, on féche les humides, on
rougit les blanches on blanchit les
noires, on amolit les dures, on en-
durcit les moles ; on fond les con-
gelées on congêle les fonduës, on
meurit les cruës on reincrude les
cuites, on adoucit les aigres, on

D v

aigrit les douces, on nétoie les
fales on falit les nettes, on donne
la vie aux mortes on ôte la vie aux
vivantes, on augmente les petites
on appetiſſe les grandes, on époiſ-
fit les ſubtiles on ſubtiliſe les époiſ-
ſes, on rend les douces ſalées, &
les ameres douces, & en dernier
lieu l'on rend volatil ce qui eſt fixe, & le fixe volatil par des mer-
veilleuſes operations.

DIOGENE.

Ce n'eſt pas le tout aprés nous
avoir declaré les qualitez de vôtre pierre, il faut que vous nous
en enſeigniés la compoſition, car
autrement toutes ces belles vertus
ne nous ſerviroient de rien ſans la
medecine.

BASILE.

Vous demandés la choſe trop
honêtement pour qu'on vous la
refuſe. Voici le ſecret.

Prenez du sel & de l'eau de nôtre terre Aimantine autant que vous voudrés, mêlés les selon le poids de la nature, faites-les digerer dans leur propre matrice par un feu convenable, Laissés les monter sur les montagnes des Philosophes & ensuite reduisés-les tous deux sous une même forme qui contiendra alors l'eau la terre & & le feu, l'esprit l'ame & le corps. Recommencés vôtre operation car en tres peu de tems vous aurés des marques de vôtre réüssite. Reglés bien vôtre feu naturel de peur que vous ne fassiés passer une couleur devant l'autre. Elles paroîtront toutes de suite, la noire, la verte, la blanche, la jaune, & enfin la rouge, qui est la perfection de l'ouvrage ; prenés la peine d'y travailler & vous en verrés l'experience.

Basile Valentin n'eut pas plûtôt achevé que Platon prenant la

parole dit que ces trois espions
que l'on avoit interrogés venoient
de declarer toute la puissance des
assiegés & que puis qu'ils en
étoient si bien informés, il faloit
songer à les mettre en prison,
parce qu'il croioit tout perdu si
dumoins en assiegeant le Parnasse
les Sectateurs ou les troupes d'A-
ristote n'en savoient autant comme les disciples d'Hermes pour
meriter d'en avoir la possession.
Et que pour ce païsan qui étoit le
quatriéme des espions il n'avoit
pas l'aparance d'être Philosophe

Mais le petit païsan lui repliqua courageusement que quoi qu'il
fut petit, cela ne vouloit pas
pourtant dire qu'il ne pût savoir
d'aussi belles particularités que ses
camarades sans leur faire tort. Esope
ajoûta-t'il pour être petit & con-
trefait n'a pas laissé que d'être tres
savant. Il avoit une si grande pé-
nétration d'esprit que quand mê-

me il n'auroit pas eu de matiere
pour paroître, il en auroit inven-
té. Ses fables le témoignent assés.
Pourquoi donc dit il à Platon n'en
pourois je pas faire de même sous
des figures paraboliques, suposé
que je ne seusse pas d'aussi bonnes
choses que celles dont je peux me
vanter & sur lesquelles je vous
donnerois de tres belles raisons,
s'il vous plaisoit m'interroger.

PLATON.

Vraïment ! Vous êtes un grand
Prophete ; il me semble mon petit homme, que vous êtes plus
hardy que savant.

LE PETIT PAYSAN.

Si je suis savant ! Si je suis Prophete ! Sans doute j'ose m'en flater, & je ne serois pas frere d'une
si celebre société, si je ne voiois

comme dans un miroir toutes les
chofes futures. Je ne parle point des
paſſées ni des préſentes ; car vous
me répondriés peut-étre en ſavoir
autant que moi.

PLATON.

Vôtre Philoſophie vous enſei-
gne donc de faire des Almanachs,
de déviner, de donner des bonnes
fortunes & de prédire le bon &
mauvais tems. Oh le bel Aſtrolo-
gue ! comme ſi tout le monde
n'en pourroit point faire autant
en ſe donnant la peine d'étudier
pendant ſix mois.

LE PETIT PAYSAN.

Tout beau Monſieur Platon,
ne mépriſés point tant nôtre Philoſophie; par ſon moien la Magie,
la Kabale, l'Aſtrologie l'Aſtrono-
mie, les Mathematiques, la Me-

decine , la Physiognomie , la Metoposcopie , la Chyromance , la Theomance , la Geomance , & les Sciences naturelles , des Augures, des Sorts , des Divinations & des Oracles ne nous sont pas seulement découvertes , mais encore elle nous ouvre le chemin à la sagesse. On connoit les choses visibles & terrestres & même les invisibles autant qu'il est permis aux mortels , & c'est par cette connoissance que nos Anciens Philosophes écrivant de cette divine Science ont prédit l'avenir.

PLATON.

Qui sont ces Philosophes & quelle chose ont-ils prédit.

LE PETIT PAYSAN.

Ecoutés ce qu'en dit Rasis dans une de ses lettres. Avec nôtre pierre rouge nos Philosophes se

font élevés par dessus les autres
en prédisant l'avenir. Ils ne se font
pas contentés de parler des choses generales , ils ont éclairci les
particulieres ; ils ont connu qu'il
y devoit avoir un jour un Jugement universel , lequel auroit pre-
cedé la consommation du siecle &
dans elle par consequent la resur-
rection des morts. Que dans cette
resurrect on les ames se joindront à
leur corps pour ne se séparer jamais
ensuite. Et que les corps glorifiés
seront d'une clarté & d'une subtilité incroiable penetrans les choses les plus solides , au lieu que
les reprouvés feront pour toujours
dans les tenebres & l'obscurité &
souffriront toute sorte de martire
par la seule pensée qu'ils auront du
bonheur des élûs.

C'est ce que confirment encore
Bonel & Milnescind & méme
Hermes en ces termes ; si je ne
craignois le jour du Jugement,

je ne decouvrirois point les secrets de nôtre science & je ne prédirois rien.

Virgile auffi dans la quatriéme de ses églogues en interpretant la Sibile de Cume, n'a t'il pas prophetifé la venuë de J E S U S-C H R I S T, *ultima Cumæi venit, &c.*

Et vous-même Monsieur Platon, quoique vous n'aiez pas été difciple d'Hermes, n'avez-vous pas écrit tout au long l'Evangile de Saint Jean *In principio erat Verbum*, jufques aux paroles, *fuit Homo miffus à Deo*, comme le raporte Saint Auguftin dans fes Confeffions ; quoique Saint Jean n'ait écrit fon Evangile que fort long-tems aprés vous.

PLATON.

Il eft vrai que j'ai parlé d'un Dieu premier principe de toutes

choſes , mais comme je n'avois
pas étudié la Philoſophie Herme·
tique ; je ne pouvois pas aprofon·
dir ce dont je ne traitois qu'en
general. Car ſelon ce que vous
dites dans vôtre ſcience on décou-
vre ouvertement des choſes aux·
quelles je n'aurois pû penſer.

LE PETIT PAYSAN.

Je vous plains bien Monſieur
Platon. J'aurois bien ſouhaité que
vous euſſiés poſſedé ce que je poſ-
ſede , car vous aviés une tres belle
diſpoſition pour devenir un ſe·
cond Hermes. Si vous euſſiés eu
quelque petit principe de nôtre
Philoſophie vous auriés connu
qu'à la fin des ſiecles , il y aura un
Jugement univerſel comme je vous
ai déja dit , parce que dans nos
operations , on y voit l'accroiſſe·
ment & la nativité merveilleuſe
de la pierre Phiſique; il ſe fait une

conjonction de l'ame de nôtre ſujet avec ſon corps par le moien de
l'eſprit qui les rend alors éternelle-
ment glorieux.

PLATON.

Vous me dites des choſes qui
ſurpaſſent tout mon ſavoir & que
mon imagination ne ſauroit comprendre. Si le reſte de vôtre diſ-
cours eſt ſi difficile, vous m'en-
nuierés plus que ſi vous me racon-
tiés des hiſtoires fabuleuſes.

LE PETIT PAYSAN.

Il ne faloit donc pas dire au
commencement, Monſieur, que je
ne vous aprendrois rien. Connoiſ-
ſés vôtre monde avant que d'en
juger & ne vous érigés point en
Juge competant ſi vous n'avés entendu la partie. Mais je vous paſſe cet article & puiſque vous n'en-

tendés point par l'esprit ce que je
vous decouvre touchant nos my-
steres Phisiques , je veux vous faire voir un miroir dans lequel par
les yeux du corps vous serés ravi
en extase.

PLATON.

Faites moi ce plaisir , je vous
prie.

LE PETIT PAYSAN.

Ce miroir que je vous présente,
est une table de lumiere où l'on
voit ce que les hommes écrivent
& deliberent loin de nous ou pour
ou contre nos interéts. On y voit
paroître les objets terrestres &
compactes , les Diaphanes & les
Aëriens comme sont les esprits
élementaires invisibles au commun
des hommes avec leurs operations
& leurs constellations.

Il repréſente encore un homme abſent comme s'il étoit préſent quand il y auroit entre les deux perſonnes pluſieurs centaines de lieües de diſtance elles ſe parleront & recevront réponce auſſi intelligible comme ſi elles n'étoient éloignées que de vingt pas. Bref elles peuvent s'écrire comme vous voiés dans un païs tout ce qui ſe paſſe dans un autre ſans envoier ny lettre ny courrier.

PLATON.

Cela eſt bien beau. Les cinq miroirs qui paroiſſent dans vôtre poche, ont-ils la même proprieté que le premier.

LE PETIT PAYSAN.

Dans ceux cy l'on y voit ce que les yeux, ny le Ciel, ny la Terre ne ſauroit concevoir. Car celui-cy qui est d'une belle couleur de Saphir mélée de blanc, contient une si belle vertu de lumiere, qu'il fait voir le Mercure des Philosophes aussi clairement que si on le tenoit dans les mains.

Ce second que j'ai à ma main gauche démontre le soulfre Philique de la couleur de la fleur que les Herboristes apellent Chelidoine. Il fait remarquer ce riche trésor de la nature vegetative qui augmente en si grande abondance qu'il semble que si l'on en vouloit pour ainsi dire ceüillir on n'en trouveroit jamais la fin.

Ce troisiéme que je vous prie de contempler est provenu des deux autres. Ne le touchés pas car quoi qu'il ne paroisse que rouge, il est interieurement si plein de feu que pour peu qu'on lui donne du mouvement par l'agitation, il devient tres chaud & brûle comme le feu.

Pour ce qui eſt de ce quatriéme
il n'eſt pas de moindre conſequen-
ce il montre tout ce qui eſt dans
l'air mobile ou immobile de ſorte
que quand il eſt fait ſous ſa juſte
conſtellation, on en voit des effets
merveilleux.

Enfin ce dernier eſt un miroir
ardent également utile par ſa partie concave & par la convexe.
Il rend les raïons ſi multipliés
qu'ils peuvent de tres loin brûler
& détruire des Villes entieres,
Conſommer les Armées de Mer
& de Terre, comme il eſt raporté
que firent autrefois Archimede ſur
les Vaiſſeaux de Metellus qui aſ-
ſiegeoit Syracuſe, & Procle quand
les Ennemis voulurent prendre
Conſtantinople.

PLATON.

Dites-moi, s'il vous plait, ne
ſont ce pas ici de ces choſes que

vous avez avancé que vous sau-
riés inventer.

LE PETIT PAYSAN.

Ce n'est point nôtre caractere
d'en imposer. Parce qu'on ne sauroit penetrer dans nos raisons,
on les condamne comme préjudi-
ciables. Cependant il n'est rien
de si vrai qu'avec nos miroirs nous
contemplons tout ce dont je viens
de vous entretenir.

PLATON.

Comment faites vous ces miroirs ?

LE PETIT PAYSAN

Pour parvenir à leur entiere perfection, il faut necessairement savoir composer les eaux qui sepa-
rent l'obscurité des Métaux & ensuite

fuite en former ce métal duquel on fait ces miroirs dont la glace doit conferver une couleur rouge comme le fang.

On fait fondre ces Métaux, on les laiffe refroidir jufqu'à ce qu'il s'en forme une glace que l'on polit fubtilement comme pratiquent dans les glaces de Venife les Ouvriers de Murano.

On forme aprés cela les miroirs Phifiques & on leur donne les regles de la Dioptrique. Il faut que toute l'operation foit achevée en peu de tems afin que nôtre matiere refplandiffante qui fert à leur faire repréfenter nos merveilles, foit dans fa plus grande force & qu'alors en expofant les miroirs au Soleil ou à la Lune, ils faffent une tres belle lumiere.

C'eft cette lumiere qui illumine l'homme dans un inftant & lui fait comprendre toutes les langues, qui lui fait pénétrer le

E

fond de la Mer & les entrailles de
la Terre avec les miracles de Dieu.
Il voit comme dans la page d'un
livre, tout ce que la terre contient sur sa superficie à la distance
de l'Horison. En un mot ceux qui
sont assés heureux de savoir composer nos miroirs, quelques me-
chans hommes qu'ils fussent auparavant sont tout d'un coup
changés dans leurs mœurs & deviennent tout à fait gens de bien.

PLATON.

Ne peut-on faire que des miroirs, du métal que vous avés
ainsi préparé.

LE PETIT PAYSAN.

Pardonnés-moi : c'est avec lui
que l'on doit necessairement composer les veritables Talismans,
Anneaux, Cachets, Images & Fi-

gures magiques selon les influences des Planettes qui ont servi à
sa fusion. Car alors ce métal contenant en puissance & en acte les
vertus du Ciel & de la Terre par le
mariage pour ainsi dire que l'on
a fait des signes celestes avec les
corps metalliques, il opere un
infinité de miracles.

De plus sur ce métal rougi on
peut marcher hardiment à pied
nud sans se brûler. On en fait
des bâles pour la chasse qui tue-
ront d'un seul coup deux ou trois
douzaines de perdrix qui seroient
attroupées. On en fabrique des
épées, des sabres, des poignards,
des piques & des coûteaux doüés
d'une si grande force pénétrative,
qu'ils perceront le corps le plus
dur.

PLATON.

Tout beau s'il vous plait ! Quoi

vous prétendriés donc qu'ils pourroient penetrer une cuirasse.

LE PETIT PAYSAN.

Belle demande, Monsieur Platon. Je vous dirai bien davantage, un homme est invulnerable quand il ne porteroit sur sa tête qu'un casque construit de ce métal, jusque-là que les bâlles de mousquets, les boulets de Canon, les bombes, les grenades & les carcasses ne feroient pas la moindre meurtrissure à la personne. Au contraire elles se romproient plûtôt en mille pieces & les éclats seroient renvoiés encore plus loin que le boulet ne seroit venu.

Il en est de même des ornemens des chevaux, car si on leur fait avec ce métal des mors, des rênes & des fers ils pourront galopper devant une batterie de Canon sans craindre d'être endommagés.

PLATON.

Je vous jure que je suis enchanté de toutes ces vertus pourveu qu'elles soient veritables.

LE PETIT PAYSAN.

Elles ne le font que trop au grand étonnement des incredules & des ignorans. Car pour peu que l'on ait penetré dans les misteres de la nature, on n'est que trop convaincu de la realité de tous ces faits.

En voici un des plus rares. De ce même métal, on fond, des vases de cuisine soit pour boire ou pour manger. Si l'on vient a y mettre du poison de quelque qualité qu'il soit, aussi-tôt le vase suë & chasse en dehors plusieurs grosses tâches que l'on reconnoit facilement être la malignité d'une

chose veneneuse , pour laquelle
on ne sauroit prendre un meilleur
contrepoison que la matiere qui
seroit restée dans le vase.

PLATON.

Cela est fort extraordinaire,
continüés je vous prie.

LE PETIT PAYSAN.

Par le moïen de ce métal on
peut causer des tempêtes sur mer,
les apaiser , faire continuer le cal-
me , faire regner les vents Dest ,
Oüest , Nord , Nordest , Nor-
doüest , faire engendrer des nuées,
les dissiper , faire paroître le Soleil , faire p'euvoir , toner , neger
& gréler en tout tems.
il est aussi capable d'empêcher que
personne ne puisse dire ny penser
du mal de celui qui le possede. Il
l'éclaire & lui fait contenter les

efprits les plus bizarres. Il lui fait enfin expliquer & refoudre les arguments les plus équivoques & les énigmes les plus difficiles.

PLATON.

Continués encore ces belles proprietés.

LE PETIT PAYSAN.

Si l'on remplit un grand tonneau d'eau de pluie qu'on la laiffe corrompre ; qu'enfuite on fepare l'eau claire & azurée de fes impuretés, qu'on l'expofe au Soleil dans un vaiffeau de bois & que l'on y jette dedans une goutte de nôtre huile incombuftible , on voit qu'il fe leve des tenebres comme dans la creation de l'univers.

Aprés quoi fi l'on en met deux gouttes , la lumiere fe fepare des tenebres. Enfin fi l'on en met tout

E iiij

de suite trois., quatre, cinq & six
gouttes, on y remarque tout ce
qui s'est passé dans les six jours de
la creation. Cela paroit si admirable & incomprehensible qu'il est
impossible d'en pouvoir marquer
toutes les circonstances. L'on auroit méme de la peine à me croire si
j'avançois que l'on y voit passer
comme dans une procession tous les
hommes depuis Adam jusqu'au dernier d'aujourd'hui & que l'on y reconnoit tres distinctement ses parens & ses amis avec la difference
du sexe.

PLATON.

Je ne me lasse point de vous
entendre.

LE PETIT PAYSAN.

Si l'on prend les sept Métaux
nommés selon leurs Planettes dont

on imprime la figure dans leur heure propre : que l'on mette tous ces Métaux dans un creuset par l'ordre que ces Planettes tiennent dans le Ciel & que l'on ferme les fenetres de la Chambre où l'on fait l'operation, on sera tout entouré d'une flamme celeste qui aura été occasionnée par sept gouttes de l'Elixir que l'on aura versé dans le creuset pour faire fondre les Métaux. Tout ce qui est alors dans la chambre paroit plus luisant que le Soleil & la Lune. On voit sur sa tête tout le firmament, comme il est représenté au Ciel étoillé. On voit le Soleil, la Lune & les Planettes, avec leur même mouvement qu'ils font toute l'année. Mais enfin tout disparoit de soi-même en un quart d'heure.

PLATON.

Vous me racontés les choses

ſi clairement qu'il ſemble que je
les vois de mes propres yeux ; j'en
ſuis tellement ravi que je n'ai
point d'autre priere à vous faire
que de vouloir bien continuer vos
charmants entretiens.

LE PETIT PAYSAN.

Si l'on prent encore un peu de
nôtre pierre avec de l'eau de pluie,
que l'on la mette dans un vaſe
bouché dont la troiſiéme partie
ſoit vuide & que l'on le mette en
un lieu de ſeureté , on verra dans
la pleine Lune cette eau augmenter tellement que le vaſe en ſera
tout à fait plein , dans le decours
de la Lune , l'eau diminuera à proportion comme elle avoit augmentée & cependant elle retien-
dra toujours ſon même poids & ſa
méme qualité.

Si chaque pleine Lune , quand
elle eſt ſur nôtre Horiſon , l'on ſe

retire en particulier dans un jar-
din & que l'on jette de nôtre poudre dans de l'eau de pluie , petit à
petit il montera des exhalaisons
avec grande force dans la concavité de la Lune.

Et si l'on continuë chaque mois
cette operation , il n'y aura aucun
Philosophe qui ait la connoissance de la pierre des sages dont on
ne sache le nom. Car lui en ce
méme tems sortira de sa maison
& tournant les yeux vers le Ciel
& les quatre parties du monde ,
il remarquera que cet œuvre ne
peut étre faite que par un veritable Philosophe.

Celui donc qui a la méme science au méme tems de la pleine Lune par des semblables operations
repondra au premier Philosophe
& par ce moien en sera connu &
l'on connoitra tous ceux qui vi-
vent sous le méme Horison.

Pour ce sujet la méme nuit que
E vi

l'on aura repondu par une semblable flamme, il faut s'oindre les temples avec nôtre Elixir blanc. Il faut prier Dieu devotement qu'il fasse la grace de cônoître celui qui aura repondu, arrétant fortement son imagination dans ce seul defir. Quand on est éveillé on rappelle en sa memoire ce que l'on a veu pendant la nuit & l'on sait en méme tems le nom & la demeure de ce Philofophe, que si on ne pouvoit pas la trouver tout d'un coup, il feroit le premier les demarches pour venir s'imaginant peut-étre que l'on n'auroit pas encore toute la revelation du secret.

PLATON.

Tout ce que vous me racontés paroit bien incroiable & je ne pourrai jamais me le persuader que je ne l'aye veu par ma propre experience.

LE PETIT PAYSAN.

Eh bien ! je vous le montrerai
à vôtre grand étonnement , mais
auparavant je veux vous aprendre
encore que nos Philosophes se
font aimer de qui ils veulent , se
font respecter par tout , s'apro-
prient la science des autres , peuvent inventer des machines où un
seul homme dans un métier tra-
vaillera & gaignera plus en un
jour que cinquante dans le même
métier ordinaire ; ils ont de la har-
diesse en tout ce qu'ils entrepren-
nent & dans les batailles ils ga-
gnent toujours la victoire , pourveu cependant qu'ils portent de
la pierre dans leur poche , qui les
empéche aussi d'étre frapés du ton-
nerre. Enfin elle les rend d'une sagesse si angelique qu'il ne se trouve rien dans l'univers qu'ils ne

connoissent par son bon usage &
& celui qui en prend pendant neuf
matins & s'en frotte les temples
est rendu si leger qu'il lui semble
être tout d'air capable de pouvoir
voler comme les oiseaux ; je dis
même plus , il peut se rendre invisible.

PLATON.

Invisible ? Comment cette medecine rendroit-elle un homme invisible.

LE PETIT PAYSAN

Soïés bien attentif , j'en vais
faire l'experience , mais il faut
que je sois aidé par mes camarades.

On fit aprocher Arnaud de Villeneuve, l'Hortulain & Basile Valentin. Alors le petit Païsan les
voiant prés de lui leur fit signe de

tirer chacun de leur poche la bou-
teille myftique remplie d'une certaine liqueur verte. Ils ne l'eurent
pas plûtôt dans les mains que
l'aiant repanduë en l'air elle éblouït
par fa lumiere les yeux de tous
les affiftans & elle donna le tems
à nos quatre efpions de difparoître.
Le petit Païfan fe mocquant de
Platon s'écria tout haut, voila
comme l'on devient invifible, &
ils s'en retournerent dans la montagne où ils furent receus avec ap-
plaudiffement. Alors toute la com-
pagnie crût veritablement que l'on
pouvoit devenir invifible. On devoit mettre en prifon les efpions
& l'on fe fondoit fur eux comme
fi l'on avoit déja pris le Parnaffe
d'affaut. Leur évanoüiffement cha-
grina beaucoup les affiegeans, la
perte étoit bien confiderable pour
eux, mais ils voulurent encore
s'animer davantage & le General
par la relation que l'on venoit de

lui faire & dans l'esperance du butin fut engagé â resoudre absolument le siege.

Pour le commencer dans les formes, il fit retrancher ses troupes ; le camp avoit plusieurs avenuës en figure d'ouvrage à corne où les grimeaux des classes travailloient nuit & jour sous la conduite de Despautere, Ramus, Clenard, Behourt, Dellebrun, Pomei & plusieurs autres Pedans armés de leurs ferules.

Le camp fut en tres peu de jours en deffence & l'on n'y craignoit point la sortie des assiegés, parce qu'il leur étoit impossible de forcer les lignes & d'insulter les ennemis. Aussi tôt que les ouvrages furent finis, Galien se présenta au pied de la montagne avec douze cent chevaux legers. Il en fit décendre une partie pour reconnoître le terrein & choisir quelque endroit commode pour ouvrir latranchée.

Il marcha lui-même fierement à pied au travers des rochers & des buiffons à la tête decinq cens hommes tous Apoticaires d'Elite & Herboriftes de profeffion. Les principaux Officiers étoient Julian , Bauderon , Dalechamp, Cabrée , Mathiole , Bauhin & Diofcoride.

Ils avancerent jufqu'à l'obfcurité de la nuée qui commença à les arrêter tout court. Cependant ils ne fe rebuterent point, ils firent encore plus de trois cens pas ; Mais Galien fut alors fi deforienté avec fon vaillant Efcadron qu'il ne favoit plus où il en étoit, ce qui fit égarer toutes fes troupes. Il eut de la peine à regagner fes chevaux avec la moitié des Officiers qui l'avoient fuivi , car le refte demeura perdu dans les tenebres fans efperance d'en fortir.

Cette malheureufe expedition decouragea fort les autres bataillons qui firent resistance d'aller à l'assaut, en sorte que l'on s'étoit presque determiné à y renvoier encore la même Cavalerie legere. Mais elle maudit l'entreprise & refusa de servir davantage. L'un se plaignoit d'y avoir perdu un bras, l'autre une jambe, celui-ci des parens & celui-là des amis.

Le General voiant que ce n'étoit pas là le moien de gagner aucun avantage, résolut d'envoier trois espions comme avoient fait cy devant les assiegés.

Il les envoia vers la place deguisés tous trois differemment afin que sachant au juste l'état des ennemis, ils pussent inventer quelque stratagême.

Pour cet effet Bartholin y alla en habit de Boucher avec de la viande, Harvée porta des œufs dans un panier & Malpighi dans une hotte avoit de tres beaux choux & des laitües qu'il avoit

prit la peine de bien nétoier &
de proprement arranger sous un
murier aprés avoir donné à manger à des vers à soye.

Ils ne furent pas plûtôt au milieu de la montagne que les senti-
nelles de la place reconnurent à
leur Phisionomie le dessein qui
les faisoit venir, cependant comme ils n'avoient que la figure de
Vivandiers, on leur envoia seulement au devant trois Officiers
de cuisine pour acheter de leur
denrées. Aussi tôt qu'ils se furent
tous aprochés, Crollius le princi-
pal Officier de cuisine dit aux vivandiers que quoiqu'ils pussent
facilement se passer dans la place
de manger & de boire plusieurs
mois, de dormir & de veiller, &
qu'ils eussent même de toutes leurs
marchandises pour leur provision,
ils vouloient leur faire le plaisir
d'en acheter pour ne pas leur faire
perdre tout à fait leurs peines.

Ils paierent sans marchander &
méme au delà de ce qu'ils auroient
pû demander. Ainsi ils renvoie-
rent ces vivandiers si contens qu'ils
ne pûrent aucunement trouver
lieu d'en venir aux mains, ny de
savoir aucune particularité.

Les trois espions s'en étant re-
tournés dans le camp, firent un
long récit de ce qu'il leur étoit arrivé & le general fut si chagrin
de ce qu'ils n'avoient point arrê-
tés ces trois Officiers de cuisine,
qu'il fit assembler le Conseil de
guerre pour trouver quelqu'autre
expedient.

On y proposa que comme les
assiegés se servoient beaucoup de
charbon, il leur faloit envoier
une troupe de charbonniers par
des lieux soû-terrains, afin de les
faire entrer dans la place pour savoir des nouvelles ou du moins de
la faire sauter.

On aprouva l'invention & l'on

fit partir aussi-tôt, Libavius, Bar-
let, Glauber, Desloques, Evonime,
Erastus, & plusieurs autres Philo-
sophrastres. Ils étoient tous armés
de quantité d'instruments, les uns
de cuivre, de plomb, d'étain, les
autres d'argent & d'or. Ils n'ou-
blierent point non plus d'aporter
toutes sortes de poudres, atra-
mants, vitriols & selpêtres pour
miner la forteresse & y mettre le
feu, s'ils n'y pouvoient point entrer par leurs artifices

Mais helas ils perdirent leur
tems parce que n'allant point par
le droit chemin & ne prenant que
des détours, ils furent si entétés
par la vapeur de leur charbon
qu'ils créverent dans leurs travaux
comme de vieux mousquets & il
n'en retourna pas un dans le camp.
Ce qui fut une tres grande perte
pour leurs familles, qui reduites
à la mendicité ne pûrent trouver
aucun logement qu'à l'Hôpital.

Comme on attendoit ces mi-
neurs avec impatience & que l'on
vouloit savoir leur réüssite, on
conclut puis qu'ils ne venoient
point, qu'aparemment ils avoient
été comblés dans les ouvrages,
mais qu'il ne faloit pas s'épouvan-
ter ny perdre courage.

Jean-Baptiste Porte, voiant toutes ces difficultés proposa au Général de faire dresser une batterie
de Canons sur une petite éminen-
ce qui lui sembloit un lieu commode pour essaier, si par le moien
des bombes, & le bruit du canon
on ne pourroit point faire dissiper
cette nuée.

On mit le dessein en éxecution,
toute l'artillerie donna contre la
place ; le feu en étoit tres grand,
mais il n'y eut que les bombes
qui éclatants toutes à douze ou
quinze pieds au dessus du Dongon,
causerent un peu d'alarme aux disciples d'Hermes.

Ce bon vieillard leur dit en ſoû-riant mes enfans conſervés le repos de vos ames , ne craignés que la puiſſance de l'Eternel. Il a éclairé nos entendements & il a obſcurci celui de nos ennemis; vous voiés qu'ils marchent dans les tenebres , Dieu nous conſerve-ra & les fera perir. La nuée qui nous environne & qui les aveugle a ſubſiſté depuis le deluge & l'on ne peut la traverſer que l'on ne ſoit conduit par la providence Divine. C'eſt elle qui nous ouvre les yeux pour contempler ſa lumiere : aprochés mes enfans, regardés, n'eſt-il pas vrai que cette nuée n'a rien d'obſcur pour vous & que vous pénétrés dans ces tenebres. Les aſſiegeans tâchent fort inutilement de nous detruire, mais helas ils nous font plus de pitié que de mal ; ils n'en veulent point tant au Parnaſſe qu'à ſon Createur qui en prendra ſeul la défence.

Cependant dans le camp le Général étoit au defefpoir de voir aller le deffein de Jean-Baptifte Porte en fumée. Il le fit encore venir
& lui dit que s'il ne trouvoit un
meilleur artifice, il lui ôteroit fon
emploi.

Ces dernieres paroles firent beaucoup de peine à Porte & le firent
tres ferieufement penfer à fes affaires. Il s'accofta de Cardan, de
Canepare, Kircher & Schot & ils
conclurent enfemble qu'il faudroit
attacher une lettre à une fufée volante en la garantiffant cependant
du feu ; la faire paffer par la nuée
& tomber enfuite dans quelque
endroit favorable de la place.

Kircher ajoûta qu'il feroit difficile de pouvoir trouver cet endroit, mais Schot repliqua que
l'on drefferoit dans le camp une
machine auffi élevée que le Parnaffe, afin qu'avec des lunettes
d'aproche on pût facilement choi-
fir

sir le lieu propre & quelque sol-
dat, de la place qui eut de l'aparance à se laisser gagner par argent
& par promesses.

On leva une machine à peu prés
semblable à celle de l'observatoi-
re Roial de Paris ; en sorte que
par exemple le bâtiment de pierre
étoit le Parnasse & la charpente
où l'on fait les observations étoit
la machine.

Le commandement en fut donné à Euclide, Deschales, Pardies,
& à quelques autres Mathemati-
ciens & Ingenieurs, elle ne fut pas
plûtôt finie que Galilée accompagné de Ticobrahé & Copernic eût
le soin de faire la découverte necessaire au dessein prémedité. Il se servit
d'une lunête de son inventió & dont
il avoit fait travailler les verres
dans la verrerie d'Antoine Nery ;
mais comme l'obscurité de la nuée
l'empêchoit de voir dans la place
comme dans le camp , il envoia

dire en bas qu'on lui envoiât quelques lumieres pour l'éclairer.

On ne perdit point de tems. Le Géneral donna ordre à Descartes, Boile & Licetus de faire faire au plûtôt quantité de Fosfores & de pierres de Boulogne, & de les faire monter par une poulie.

Galilée s'en servit fort à propos, car aiant remarqué l'endroit où pourroit tomber la fusée avec la lettre, il la fit écrire par Canepare & elle fut dictée en ces termes.

Si quelqu'un de la place se vient rendre au camp, il sera fait Docteur *in utroque jure*, premier Professeur honoraire de toutes les Universités du monde & il aura mille écus de pension tous les ans.

On alluma la fusée, elle partit, & la lettre vint tomber aux pieds d'un Philosophe assés mal équipé en habit, mais dont l'esprit étoit tres subtil, ce qui avoit

trompé les obfervateurs. Ce Philofophe prit la lettre & la porta.
en même tems à Hermes. On la
lût tout haut & l'on ne pût s'empêcher de rire.

Pour augmenter la joie dans la
place , Geber Roi d'Arabie propo-
fa d'aller deguifé dans le camp où
il promettoit de fe bien divertir.
Hermes l'écouta & le paffage fe
fit de nuit. Les affiegeans en receu-
rent un plaifir merveilleux.

Chacun careffa Geber & s'em-
preffoit de le produire au Général
pompeufement entouré de fes Officiers. Ce volontaire fut chargé
de tant de queftions à la fois qu'il
en fut étourdi. Tout le monde vouloit favoir des nouvelles des qua-
tres efpions qui s'étoient rendûs
invifibles , & chaque particulier
lui faifoit une demande. Mais le
Général impofa filence & donna
ordre à Seneque d'interroger Geber ; ce qui fut fait dans la form

suivante fidellement tirée mot à
mot du registre du Conseil.

SENEQUE.

Dites-moi mon ami ! y a t'il
beaucoup de Philosophes dans la
montagne.

GEBER.

Il y en a en si grand nombre que
l'on ne sauroit les compter.

SENEQUE

Par qui sont-ils commandés.

GEBER.

Ils sont conduis par la raison
& par la verité, qui leur a été en-
seignée par Hermes Trismegiste
reconnu entre eux pour le Pere de
la Science.

SENEQUE.

De quelle origine est cet Hermes.

GEBER.

Il tire sa Genealogie de Cham qui eut l'Egypte pour partage. Et c'est dans ce Païs-là qu'Hermés commença à paroître.

SENEQUE.

Je ne peut point croire ce que vous dites, parce qu'Hermes Trismegi- sté est un nom Grec & vous le fai- tes Egyptien. Je soûtiens qu'il n'y a jamais eu un pareil homme dans le monde.

GEBER.

Il est vrai que le nom de ce Pe- re des Philosophes est Grec, mais

il a été donné depuis à Hermes par
excellence. Les Hebreux l'apel-
loient *Hadore* , les Pheniciens
Tautus , & les Egyptiens *Thot &*
Phtah.

A l'égard de son extraction ,
j'avoüe que beaucoup de choses
sont obscurcies par leur antiquité,
mais quoiqu'il en soit vous de-
vriés savoir que Sanchuniaton le
premier Autheur aprés Moyse parle de nôtre Trismegiste , que Diodore fait mention de l'Epitaphe du
Dieu Isis , où le nom d'Hermes
étoit écrit.

Et si vous avés dans vos Biblio-
theques les œuvres de Vaab , Al-
candi , Gelandin , Salamas & la
Philosophie Siriaque de Morfrac,
vous y lirés ce qu'ils disent du premier Hermes ou Hadore qui étoit
Enoch & du second qui est celui
dont nous parlons. Je ne veux pas
vous citer d'autres Autheurs comme Xantus , Lidius , Abenuactria

de l'agriculture des Egyptiens , Jamblique , Maneth , Seuleucus , Benjochai , & parmi les Peres Juſtin martir , Origene , Tertulien , Lactance & Auguſtin ; il me ſuffira de vous dire que j'ai lu qu'ils en ont parlé comme du plus grand de tous les hommes & que pour ce ſujet il a été nommé Triſmegiſte , trois fois grand , c'eſt à dire Prêtre , Roi & Philoſophe ou ſelon les Hermetiques connoiſſeur des trois Regnes de la nature , Animale , Vegetale & Minerale.

Vôtre celebre Ciceron ne l'a t'il pas choiſi parmi les cinq Mercures des Payens pour le Thot des Egyptiens. Platon l'a qualifié dans ſon Phedre l'inventeur des Lettres ; Enfin Homere , Ovide , Orphée , Linus , Pythagore & cent autres de vos Philoſophes n'ont-ils pas quitté leurs biens , leurs Parens & leur Patrie pour venir aprendre dans nos écôles d'Egyp-

te les enseignements & les principes d'Hermes. Oseriés-vous nier
te que j'avance.

SENEQUE.

En quoi faites-vous donc con-
sister son Empire & sa Grandeur.

GEBER.

La Science est le trône de sa
puissance, & sa grandeur n'est autre que la verité établie sur l'experience, bien éloigné de tous vos
Philosophes qui ne se fondent que
sur de vaines imaginations.

Sur la montagne que vous assiegés en vain, on n'entend parler ny de querelle, ny de dispute
& c'est ce qui la rend si forte dans
le sentiment de nos Philosophes.
Le raisonnement domine chez nous
& la verité se promene toute nuë.
Les Phenomenes les plus surpre-

nans de la nature paroissent aussi
clairement expliqués que le jour
& il n'est point necessaire de grosses lunettes comme en porte Monsieur sur son nez, parlant de Gallien, lorsqu'il veut contempler
dans un verre l'urine d'un malade.

Cette raillerie fit enrager Galien & les principaux Officiers
de ses chevaux legers. Elle eut coûté cher sans doute au pauvre Geber sans un bruit inopiné qui fit
courir toute l'assemblée hors de la
tente pour voir ce qui étoit arrivé.

Cependant Geber prit son tems,
se glissa dans la presse & regagna
subtilement la montagne sans être
aperçeu d'aucun Officier, tant ils
étoient curieux de savoir la cause
de ce nouveau bruit.

Quoique dans un tres grand embarras on aprit que le Docteur
Mercurialis avec une partie des
chevaux legers avoit fait un prisonnier de consequence.

F v

C'étoit un medecin nommé Paracelce qui d'abord aiant dit de groſſes injures aux principaux Officiers de l'eſcorte, courut riſque d'étre aſſaſſiné par Trincavella qui l'auroit tüé ſans une cuiraſſe de métal Phiſique qui étoit au deſſous d'un colet de bufle que portoit ce priſonnier.

Paracelce leur reprochoit continuellement leur ignorance, il les apelloit des mercenaires & des voleurs, parce qu'ils traitoient leurs malades comme au plus offrant & au dernier encheriſſeur.

Tout le camp fut extremement choqué de ces paroles atroces. On vouloit faire mourir Paracelce & le faire paſſer par les armes; mais Ariſtote s'opoſa à la condamnation. Il fit faire ſilence & voulut qu'auparavant de le punir, on le préſentât au Conſeil de guerre pour l'interroger. Plutarque lui fit les queſtions ſuivantes.

PLUTARQUE.

Comment vous apellez-vous !

PARACELCE.

Je m'apelle Theophrafte de Hohenheim furnommé Paracelce.

PLUTARQUE.

De quelle Nation êtes-vous !

PARACELCE.

Je fuis natif de Suiffe & originaire de la Noble Famille des Bombats dans Einftdeln prés de Zurich.

PLUTARQUE.

De quelle Religion ?

PARACELCE.

De la veritable : je reconnois

Dieu pour le Pere de lumiere & de
verité. Et au contraire je sai que
le Diable est pere du mensonge &
des tenebres. Je crois que mon
Createur est le principe de toutes
choses, que ce n'est que par son
seul pouvoir que le grand & le
petit monde agissent & subsistent,
& qu'enfin son esprit éleve les
hommes à la connoissance parfaite de toutes les creatures de l'u-
nivers.

PLUTARQUE.

Quelle est vôtre Profession?

PARACELCE.

Je suis Philosophe & Medecin:

Cette confession fit éclater de
rire tout le Conseil. Personne ne
pouvoit s'imaginer qu'un homme de cette aparence habillé com-

me un veritable Allemand , fut
Philosophe comme il disoit.

Oüi , s'écria Paracelce d'un ton
encore plus hardy , Je suis Philosophe & Medecin. Je professe une
Philosophie démonstrative , je
rends les choses solides par des
effets visibles ; mes propositions
sont aussi évidentes que celles de
Geometrie , parce que je fais l'a-
natomie interne des Mixtes aussi
perceptible aux sens que Dulau-
rens & Diamerbroëk avec leur Es-
carpel pourroient dissequer un
muscle sur un cadavre.

Je ne suis point Sophiste. Je
connois la nature par elle méme
& dans elle-méme. Dans le regne
animal je commence à traiter mon
malade par où les autres Mede-
cins finissent. Mes conjectures sont
tres certaines , je ne m'en raporte
point à la fausse parole d'un ignorant authorisé.

Dans le regne vegetal , je ne

crois pas tout ce que les Autheurs en ont écrit. J'observe la region, les principes, le tems & la constellation des Planettes. Lorsque je veux faire quelque préparation d'une plante, je ne me contente pas d'en faire des mixtions indiscretes, je donne la santé avec des medicamens qui sont plus faciles & moins sujets à être corrompus.

Enfin j'entre dans le regne mineral. Je le reduis dans ses premiers principes ; je fais resister au feu le soulfre & le Mercure comun dont je me sers en tems & lieu pour les maladies les plus rebelles. Je rends le nitre tres fixe. Je reduis le sel commun aussi doux que le sucre, & le sel de Tartre aussi volatil que celui de vipere. Le sel de l'Or & l'Argent ne m'est pas plus difficile à extraire & à separer de leur teinture que je peux faire l'union des trois principes du Vitriol par fon foulphre fixe anodin & de l'Antimoine par la pierre de feu.

Ce font là les excellens remedes à qui je dois la guérifon de la goutte, de la lepre, de l'hydropifie, de la paralifie & du mal caduc. Je fuis affuré du refte des infirmités qui dependent de ces principales, puifque fi je viens à bout de la goutte, je guérirai toutes les maladies de galenterie, & fi l'Hydropifie ne me refifte point, les fluxions, les écrouëlles & les rhumatifmes ne me feront aucune peine. Pour les Fievres je les traite fi facilement que je n'en manque point en deux jours.

Que vos Philofophes ne font-ils la méme chofe, pourquoi s'écartent-ils du bon fens & mélent ils les Métaux & Mineraux péle-méle fans connoiffance de caufe. Ne devroient-ils pas avoir égard aux influences des Aftres ! Mais helas?

Leur ignorance est trop grande ,
tout le savoir qu'ils ont des corps
superieurs , ne passe pas leur mouvement.

PLUTARQUE.

Vous pourriés produire vos
sentimens avec plus de modera-
tion. Mais où avés-vous étudié ,
car il me semble que vous avez
eu les mêmes enseignemens que
les quatre espions qui se sont rendus invisibles en nôtre présence.

PARACELCE.

Je n'ai point frequenté d'autre
écôle que celle d'Hermes Trismegiste , où aiant apris la verité ,
il m'a été impossible de moderer
mon zele contre l'ignorance &
je suis d'autant plus irrité contre
ceux qui la professent que j'ai connu par mon étude & mon aplica-

tion , l'œuvre entiere de la creation , le principe infini , le centre
& la circonference , la forme uni-
verselle , les trois natures écou-
lées & émanées du principe intel-
lectuel , la nature primordiale ,
la nature naturante & la nature
naturée , la sympathie & l'an-
tipathie des choses , leur signatu-
re interieure & exterieure , la con-
formité du grand monde avec le
petit qui est l'homme. Comme
ce dernier contient en lui les trois
mondes , l'intelligible , le celeste
& l'élementaire , & enfin comme
le petit monde des Philosophes
contient tout ce que renferment
les deux autres.

Car pour le dire en deux mots,
si dans le Macrocosme toutes les
natures tant visibles qu'invisibles,
les corps celestes & terrestres n'a-
gissent que par un certain nombre
poids & mesure , c'est à dire avec
une proportion convenable & re-

ciproque de leurs parties , de leurs
vertus, de leur quantité & de leurs
effets , & qu'ainſi ils joüiſſent d'un
accord auſſi harmonieux que celui
de la muſique même.

Si les creatures ſpirituelles dans
leſquelles nous comprenons auſſi
nôtre intelligence , ont leurs ſym-
phonies melodieuſes. Si dans la
machine myſterieuſe de ce grand
univers par raport à la baſe terre-
ſtre le ditone eſt vers la region de
la Lune , le diapente juſqu'au
cœur du monde qui eſt le Soleil
& le diapaſon tende à l'extremité
du Ciel , en ſorte que le premier
faſſe ſon cours entier en dix-huit
Commates , le ſecond en trente
cinq & le troiſiéme en ſoixante-
un.

Si enfin dans le petit monde on
obſerve la même proportion entre
les principales parties qui le com-
poſent , le cœur, le foye , & le
cerveau contant depuis les pieds

jufqu'à la tête tant en Arithmeti-
cien & en Geometre qu'en Phifi-
cien.

La même chofe arrive auffi dans
le fecret fujet des Philofophes
Hermetiques. C'eft dans ce petit
monde où l'on remarque trois natures Homogenes & également
proportionnées dont l'une fait le
grave, l'autre la moienne, & la
troifiéme l'aiguë de même que les
marteaux des ouvriers de Pythagore fefoient une harmonie tres
agreable à caufe des coups diffe-
rens qu'ils frapoient avec fymme-
trie.

L'on poffede donc tout, quand
on poffede ce dernier. C'eft par
lui que l'on acquiert non feulement, la connoiffance de tout ce
qui fe paffe dans le Ciel à la maniere des divins Prophetes & des
Sybilles, mais encore que l'On
pénétre dans les plus interieures
penfées des hommes dans le mi-

roir de la nature, éclairé par la lumiere éternelle & l'esprit des saintes disciplines.

On a la veritable sagesse en partage. On joüit d'une santé parfaite & d'une longue vie. On méprise ce monde de misere. On contemple les mystéres naturels & surnaturels & on decouvre la connoissance & l'entiere revelation de la majesté divine.

PLUTARQUE.

Vous ne pouvés pas nier présentement que vous ne soiés du nombre de nos ennemis qui occupent le Parnasse ; vôtre discours me le fait assés connoître.

PARACELCE.

Il est vrai. J'ai eu le bonheur d'étre receu dans leur societé aprés que Dieu par sa sainte lumiere m'eut ouvert les yeux par le moien d'une lecture continuelle & un travail affidu.

PLUTARQUE.

Qui font les Principaux Officiers de la Place.

PARACELCE.

Il y a de trois fortes de Philofophes. Les premiers font ceux qui ont poffedé la pierre des fages & qui en ont bien écrit comme font Hermes, Moïfe, Efdras, Salomon, Aros, Geber, Albugazal, Roger Bacon, Flamel, Arthephius, Sinefius, le divin Hypocrate, Bafile Valentin, Calid, Alphidius, Morien, Zacaire, Raimond Lulle, Trevifan, Augurel, Arnaud de Villeneuve, Cofmopolite & Philalethe.

Les feconds font ceux qui l'ont

seulement possedée sans laisser de
leurs livres à la posterité & tels
sont par exemple, Adfar, Sesostris, Sethon, Xamolxis, Ha-
anüel, Gilgil, Mitigo, Massarai,
Adarmath, Azinabam, Elbo, He-
lisardes, Jesid, Alfarabi, Cotahiva, Abul & Jacobalmone.

Et les troisiémes sont ceux
qui aiant bien parlé de toute la
nature ont été mis dans le nombre des freres de la societé, parce qu'ils sont parvenus jusqu'à la
Theorie de la science , n'aiant
cependant point joüi de ce trésor. Ces derniers sont en tres
grand nombre, voici les noms des
Principaux, Quercetan, Nollius,
Dornée, Adam Abondastein , P. J.
Fabre , Nuisement , Tritheme,
Planis Campy , Rochas, Roch le
Baillif, Agrippa , Crollius , Flud
de fluctibus , Davisson , Kunrath
& Mayere.

Sur ces paroles le Président in-

terrompit Paracelce & fit raport
à son excellence que le prisonnier
étoit tres bien informé & que l'on
en pourroit tirer beaucoup de particularités.

Aristote voulut le faire éxaminer le jour suivant en sa présence
par Pline qui debuta d'abord en ces
termes.

PLINE.

Puisque vous vous vantés d'une
Philosophie demonstrative par laquelle vous connoissés, vous pré-
venés & vous deracinés par une
méme medecine toutes les maladies des trois regnes de la nature.
Donnés-moi l'explication de cette
proportion negative.

Il est impossible que trois sujets
particuliers puissent étre guéris
par un méme remede, s'ils different tous trois en étre en constitu-
tion, en aliments & en medicaments. *Atqui* les creatures des trois

regnes de la nature different en
étre , en conſtitution , en aliments
& en medicaments. *Ergo* elles
ne ſauroient étre guéries par un
méme remede.

PARACELCE.

J'avoüe que la forme des creatures eſt differente , mais il n'en eſt
pas de meme de la matiere. Parce
que ces ſujets étant tirés des élements & y devant ſans doute re-
tourner, il eſt évident que les mémes
élements & les medicaments leur
ſerviront à tous trois également.

PLINE.

Mais ! repetés un peu mon ar-
gument & repondés y en forme.

PARACELCE.

Je me ſoucie fort peu de toutes
vos

vos formes. J'aime mieux vous
donner deux ou trois bonnes rai-
fons tout de fuite pour vous fatis-
faire dans vôtre demande que d'a-
porter par cœur comme un per-
roquet , un Tas d'arguments fo-
phiftiqués qui ne font que rom-
pre la tête de ceux qui les écou-
tent & encore plus des perfonnes
qui les propofent.

P L I N E.

Doucement mon ami? Vous ré-
pondés trop cavalierement , fa-
chés que nous avons le pouvoir
de vous mettre à la raifon. Je
vais vous faire des objections en
ftile Laconique puifque vous ne
voulés point parler en Philofophe.

Les Animaux fe nourriffent en
partie des Vegetaux, les Vegetaux tirent auffi leur nourriture
des Animaux , mais quel raport

a le regne mineral, avec l'Animal
& le Vegetal.

PARACELCE.

Bon Dieu quel raport ! Peût-
on être ignorant jusqu'à ce point-
là. Quoi vous Monsieur Pline que
l'on apelle l'Interprete de la nature, vous dis je ne savés pas encore qu'il nous est impossible de
pouvoir nous passer de sel que l'on
tire des Mineraux comme de la
baze & du fondement de cet univers.

Le Sel est la partie de la Terre
la plus épurée, l'Eau ou le Mercure en est la plus spiritueuse &
le Soulfre est la matiere bitumi-
neuse qui donne le mouvement &
le degré de perfection aux deux
autres principes qui tous ensemble composent les Métaux & les
Mineraux. Leur nature est la même que celle des Animaux & des

Plantes. Ils ne different tous qu'en l'efpece que le Souverain Createur dans la creation du monde infufa par fa Sainte Parole à chaque creature en particulier afin qu'elle fe multipliât felon fon genre.

Les Métaux ont plus de fel que de foulphre & de Mercure & c'eft ce qui fait qu'ils ont leurs racines beaucoup plus avant dans la terre que les Vegetaux qui abondent plus en Mercure qu'en fel & en foulfre & c'eft par cette raifon là qu'ils pouffent leurs tuyaux, leurs feüilles, leurs fleurs & leurs fruits dans l'air, quoi qu'ils laiffent leur racine dans la terre comme la plus groffiere.

Enfin les Animaux qui abondent plus en foulphre qu'en fel & en Mercure participent d'un corps mobile & volatil, terrefte & aquatique. C'eft ce qui fait qu'ils ont une ame fenfitive qui aprés la mort de l'animal s'en retourne dans fa fphere.   G ij

Les corps les plus durs participent donc des Elements materiels, au contraire des corps delicats lesquels tiennent plus de l'essence spirituelle de ces mêmes Elements.

Cela doit faire comprendre que les Elements subtils doivent agir sur les grossiers comme les creatures les plus pures dominent sur celles qui le sont moins, à peu prés de même que les Mineraux sont assujetis aux Vegetaux & les Vegetaux reciproquement aux Animaux pour avoir tous ensemble un raport convenable.

P L I N E.

En verité vous me dites là des choses si étranges que vous meriteriés mieux avoir place dans les petites maisons que d'étre logé dans le Parnasse. Pourquoi parler pour ne pas être entendu ?

Que je vous trouve heureux de
vous repaître de ces termes Energi-
ques & Empoulés. Vos vifions font
fort belles, mais vos raifonnemens
font bien voir que vos efprits font
tres évaporés ; car pour un Philofophe vôtre difcours fent fort
peu la Philofophie.

PARACELCE.

Cependant je parle affez clairement, mais autant que je peux
connoître la methode Chymeri-
que de vos écôles vous a tellement difloqué le cerveau & à tous
ces Meffieurs qui font là plantés,
que vous feriés mieux d'aprendre
quelque honnéte métier plû-tôt
que de vous amufer à des vaines
difputes, ou celui qui crie le plus
fort, fait ordinairement taire le
plus raifonnable. Croïés-vous de
bonne foi avoir l'efprit mieux placé que le nôtre ; ne devriés-vous

pas vous appercevoir que vous
n'aurés jamais le sens comun. si
quelqu'un de nos sages ne vous
l'infuse par pitié. Mais helas, je
prevois que vous n'en serés jamais
capables, parce que je ne saurois
assés admirer la grace que Dieu
vous a fait de vous avoir ôté la
cervelle à tous sans vous casser la
téte.

Ce discours piquant choqua
tellement les Officiers qu'ils se mi-
rent tous à crier, *tolle*, *tolle*, on
ne voulut pas méme retarder l'é-
xecution. L'on préparoit la po-
tence lorsque Campovaccio aiant
foüillé dans la poche du pauvre
Paracelce y trouva ses Archido-
xes magiques.

A l'ouverture de ce livre on
aperceut mille caracteres & figures
fort inconnuës avec le moien de
trouver des trésors, d'avoir la pie-
ce volante, de gagner au jeu,
de parler aux esprits, de leur com-

mander, de mouler la clef magique pour ouvrir toute forte de fer-
rures, de faire fonner toutes les
cloches d'une Ville dans un moment, de faire paroître des phan-
tômes dans les verres & les miroirs, de guérir toute forte de maladies avec des paroles, & enfin de
faire des cernes pour toutes ces
operations.

Ce qui fit paffer Paracelce pour
un forcier. On le comdamna fur
le champ à étre brûlé tout vif.
Mais aiant été fort épouvanté du
feu dont ils le menaçoient, il pro-
mit que fi l'on ne le faifoit pas
mourir, il montreroit le chemin
pour paffer la nuée & parvenir facilement au fommet de la Montagne.

Le Confeil accepta cette offre
fans marchander, parce que c'étoit
le moien de terminer prompte-
ment la guerre.

Le General y envoia le Signor

Laurentio Massa avec plusieurs compagnies d'Infanterie & trois mille chevaux legers commandés par Galien pour les soûtenir.

De tres bon matin ils aborderent les nuages de la Montagne & Paracelce marchant au devant tenoit le Signor Laurentio par la main, qui avoit déja peur à cause qu'il ne voioit plus goutte.

A peine eurent-ils fait encore cinquante pas, que l'obscurité devenoit toujours plus terrible. Paracelce dit au Signor Laurentio de regarder si ses troupes le suivoient, il le fit tres volontiers parce que l'alarme où il étoit ne lui fournissoit que trop de précaution ; mais il n'eut pas plû-tôt le dos tourné que Paracelce lui appliqua un grand coup de pied sur les reins qu'il fit tomber le Signor Laurentio par terre, & il se mit à crier en son patois, *Hoi me son morto*.

Cependant Paracelce avança vîte vers la Montagne dont il lavoit les étres & laissa toute la troupe en deroute. Par bonheur elle n'étoit point trop avancée dans l'obscurité, ce qui facilita la retraite sans autre perte que du chapeau du Signor Laurentio qui effraié de la secousse ne s'étoit pas souvenu de le chercher, mais aussi ne l'y eut-il pas trouvé, car Paracelce l'avoit emporté pour s'en faire faire une paire de pantoufles.

Cette courte & mechante expedition scandalisa si fort le Conseil qu'il fut sur le point de proceder contre les Officiers qui avoient manqué de generosité, mais l'opinion la plus douce l'emporta.

Ensuite on continua le siege encore plusieurs semaines avec tres peu de succés. Ce qui fit que le General licentia une partie des troupes les renvoiant dans leur quartier d'hyver.

G v

Il laissa cependant toujours le Parnasse bloqué par les Carthesiens, les Gassendistes & les Chymistes Modernes & donna ordre exprés à leur Commandans de se bien préparer pour le Printems prochain à l'ouverture de la campagne qu'il esperoit mieux commencer qu'il n'avoit fini la présente.

FIN.

APPROBATION

De Monsieur P. P. Medecin de la Faculté de Paris.

JE soû-signé Docteur en Medecine de la Faculté de Paris, ay lû le Manuscrit touchant les Vertus de la Pierre Philosophale; c'est une recherche de tout ce que les Philosophes en ont écrit de plus curieux. Il contient des principes conformes & utiles à la veritable Medecine. FAIT à Paris le premier Aoust. 1696.

P. P.

*De Monsieur Leopol Kdesmer
Medecin de Leypsic en
Allemagne.*

IL seroit à souhaiter que tous les Livres de Chymie fussent aussi joliment écrits que l'est le Parnasse assiegé. Son Autheur y montre que rien n'échape à son esprit, puisque je peux dire sans le flater que depuis quatre vingt & sept ans que je m'aplique à l'une & à l'autre Medecine, par l'experience que j'ai fait de la plûpart des Operations qu'il raporte, j'en ai encore apris

de nouvelles dans son Livre,
particulierement sur l'article
des choses Surnaturelles. Je
n'ai point trouvé de principes
mieux établis que les siens.
S'il entend la Medecine &
la Philosophie des Anciens,
il possede aussi celles des Modernes. Sa Theorie répond
à sa pratique, & il marie si
bien l'une avec l'autre qu'il
est incapable de se démentir.
C'est ce qui m'a engagé de
lier une étroite amitié avec
lui & de lui donner mon
sentiment sur son ouvrage.
A Paris le 13. Aoust 1696.

L. K. Amateur de la
Sagesse.

APPROBATION

De Monsieur Versini de Versinis curieux Italien Docteur en Theologie.

IL est vrai qu'aprés la sainte Theologie, on ne peut étudier une science plus belle que la Chymie. Plus on en lit les Autheurs, & plus on trouve des sujets d'admiration qui nous confirment dans nos premiers sentimens. Le Sieur F. A. D. M. en connoit tres bien l'utilité & la verité. Le traité qu'il m'a communiqué de la guerre entre les Philosophes, fera plaisir à toutes les personnes

qui aiment les belles Lettres.
Pour moi en mon particulier
j'y ai eu d'autant plus de fa-
tisfaction que je n'y ai rien
trouvé qui fut contraire à l'E-
glise Catholique Apostolique
& Romaine. A Lyon le 29.
Octobre 1696.

VERSINI DE VERSINIS

*Philosophiæ & Sacræ Thea-
logiæ Doctor.*

APPROBATION

*De Monsieur Chauvin Medecin
agregé à Lyon.*

J'AY lu avec plaisir & instru-
ction, *Le Parnasse assiegé ou
La Guerre entre les Philosophes
Anciens Modernes* ; C'est un
Petit Roman Philosophique
tres ingenieusement pensé.
Son Autheur me paru posse-
der parfaitement la matiere,
qu'il a renduë en se jouant
tres intelligible. Ce petit Ouvrage ne contient rien contre la Religion, l'Etat & les
bonnes mœurs. A Lyon ce
23. Octobre. 1696.

CHAUVIN.
Medecin agregé à Lyon...

CONSENTEMENT.

Veües les Attestations cy-deffus , je n'empêche pour le Roy qu'il foit permis au Sieur F. A. D. M. de faire imprimer un petit traité intitulé *Le Parnaffe affiegé* , contenant trois feüilles ou environ , avec les défences en tel cas requifes. A Lyon le 24. Octobre 1696.

DE GLATIGNY.

PERMISSION.

VEU le Consentement du Procureur du Roy, il est permis au Sieur F. A. D. M. de faire imprimer le Livre dont le titre est *Le Parnasse assiegé ou La Guerre declarée entre les Philosophes Anciens Modernes*, avec les défenses ordinaires. A Lyon le 24. 1696.

DULIEU.

J'ai cedé les Permissions à ANTOINE BOUDET *Libraire à Lyon, suivant l'accord entre nous, le premier Novembre.* 1696.

F. A. D. M.